A francia sütés művészete

100 recept és technika a francia kulináris hagyományhoz

Fanni Nemes

Copyright Anyag ©2024

Minden jog fenntartva

A kiadó és a szerzői jog tulajdonosának megfelelő írásos beleegyezése nélkül ennek a könyvnek egyetlen része sem használható fel vagy továbbítható semmilyen formában vagy módon, kivéve az ismertetőben használt rövid idézeteket. Ez a könyv nem helyettesítheti az orvosi, jogi vagy egyéb szakmai tanácsokat.

TARTALOMJEGYZÉK

TARTALOMJEGYZÉK _	3
BEVEZETÉS	8
REGGELI	9
1. CRÊPES SUZETTE	10
2. MOLDED EGGS/ OEUFS MOLLETS	12
3. CRÊPES FOURRÉES ET FLAMBÉES	14
4. RÁNTOTT TOJÁSOK/OEUFS SUR LE PLAT	16
5. GRATINÉ GOMBÁS OMLETT SAJTSZÓSSZAL	18
6. OEUFS EN PÖLYE	21
7. RAMEKINS/OEUFS EN COCOTTE A LA CRÈME-BEN SÜLT TOJÁS	23
8. CRÊPES ROULÉES ET FARCIES	25
9. GATEAU DE CRÊPES A LA FLORENTINE	28
10. GATEAU DE CRÊPES A LA NORMANDE-BAN	31
11. CRÊPES DE POMMES DE TERRE / RESZELT BURGONYÁS PALACSINTA	33
12. B ANANA CREME CRÊPE S	36
13. CHERRY CRÊPE S	38
14. KUMQUAT-PECAN CRÊPE S	40
15. TRÓPUSI GYÜMÖLCS CRÊPE S	43
16. LEMON CRÊPE S	45
17. PALACSINTA CHABLIS GYÜMÖLCSSZÓSSZAL	48
18. AMBROSIA CRÊPE S	51
19. BOGYÓS PALACSINTA NARANCSMÁRTÁSSAL	53
20. ALAP CROISSANT	55

21. KLASSZIKUS CROISSANT...60
22. TOLL KENYÉR CROISSANT..63
23. MAGTÁR CROISSANT..67
24. CSOKIS CROISSANT..70
25. BANÁN ECLAIR CROISSANT...73
26. ÉTCSOKOLÁDÉ MALÁTA CROISSANT KENYÉRPUDING...............75
27. CSOKOLÁDÉ MANDULA CROISSANT ÉCLAIRS.........................77
28. CSOKOLÁDÉ BORÍTÁSÚ EPRES CROISSANT..............................80
FŐÉTEL...82
29. SUPRÊMES DE VOLAILLE A BLANC..83
30. RIZOTTÓ...86
31. HARICOTS VERTS AU MAÎTRE D'HÔTEL.....................................88
32. TERRINE DE PORC, VEAU, ET JAMBON......................................90
33. ÉPINARDS AU JUS; ÉPINARDS A LA CRÈME..............................94
34. CAROTTES ÉTUVÉES AU BEURRE / VAJBAN PÁROLT SÁRGARÉPA
....97
35. CHAMPIGNONS FARCIS / TÖLTÖTT GOMBA..............................99
36. ESCALOPES DE VEAU SAUTÉES A L'ESTRAGONBAN..............102
37. ESCALOPE DE VEAU GRATINÉES..105
38. FOIES DE VOLAILLE SAUTÉS, MADEIRE.....................................108
39. TIMBALE DE FOIES DE VOLAILLE / CSIRKE-MÁJPENÉSZ.........111
40. CANARD A L'ORANGE / KACSASÜLT NARANCSSZÓSSZAL......114
41. CANARD A LA MONTMORENCY..119
42. HOMARD A L'AMÉRICAINE...121
43. POTEE NORMANDE: POT-AU-FEU..125
44. FILETS DE POISSON EN SOUFFLÉ..129

45. CASSOULET..132
46. COULIBIAC DE SAUMON EN CROÛTE................................137
47. VEAU SYLVIE..142
48. FILETS DE SOLE SYLVESTRE...146
49. RIZ ETUVÉ AU BEURRE...150
50. RISOTTO A LA PIÉMONTAISE...153
51. SAUTÉ DE VEAU (OU DE PORC) AUX CHAMPIGNONS..............155
52. BOUILLABAISSE A LA MARSEILLAISE / MEDITERRÁN HALLÉ.....157
53. SALPICÓN DE VOLAILLE..161
54. POULET GRILLÉ AU NATUREL / SIMA SÜLT CSIRKE................163
55. POULET GRILLÉ A LA DIABLE...166
56. POIS FRAIS EN BRAISAGE / SALÁTÁVAL PÁROLT BORSÓ.........168
57. POTAGE CRÈME DE CRESSON / VÍZITORMA KRÉMLEVES.........170
58. NAVARIN PRINTANIER / BÁRÁNYPÖRKÖLT SÁRGARÉPÁVAL...173
59. OIE BRAISÉE AUX PRUNEAUX / PÁROLT LIBA ASZALT SZILVA TÖLTELÉKKEL...178
60. ROGNONS DE VEAU EN CASSEROLE / KIDNEYS IN BUTTER......182
61. ROGNONS DE VEAU FLAMBÉS / SAUTÉED KIDNEYS FLAMBÉ...185
62. CARBONNADE DE BOEUF A LA PROVENÇALE....................188
63. DAUBE DE BOEUF A LA PROVENÇALE............................191
64. POTAGE PARMENTIER / PÓRÉHAGYMA VAGY HAGYMA ÉS BURGONYA LEVES...194
65. VELOUTÉ DE VOLAILLE A LA SÉNÉGALAISE......................196
SALÁTÁK ÉS KÖRETEK..199
66. MIMÓZA SALÁTA / SALÁTA VINAIGRETTE-VEL, SZITÁLT TOJÁSSAL ÉS FŰSZERNÖVÉNYEKKEL..................................200
67. POMMES DE TERRE A L'HUILE / FRANCIA BURGONYASALÁTA.202

68. NIÇOISE SALÁTA..204
69. GRATIN DAUPHINOIS / SCALLOPED POTATOES AU GRATIN.....206
70. GRATIN DE POMMES DE TERRE ET SAUCISSON........................208
71. PURÉE DE POMMES DE TERRE A L'AIL....................................210
72. CONCOMBRES PERSILLÉS, OU A LA CRÈME / KRÉMES UBORKA 213
73. NAVETS A LA CHAMPENOISE / FEHÉRRÉPA ÉS HAGYMA RAKOTT 215
74. SPÁRGA..218
75. ARTICHAUTS AU NATUREL / EGÉSZ FŐTT ARTICSÓKA............220
76. LECSÓ..223
77. MUSZAKA..226
78. LAITUES BRAISÉES / PÁROLT SALÁTA...............................229
79. CHOUCROUTE BRAISÉE A L'ALSACIENNE / PÁROLT SAVANYÚ KÁPOSZTA..232
80. CHAMPIGNONS SAUTÉS AU BEURRE / SAUTEED MUSHROOMS 235
81. GÚNYOS HOLLANDI SZÓSZ (BÂTARDE)..............................237
82. CRÈME ANGLAISE (FRANCIA PUDINGSZÓSZ).....................239
83. KRÉMES GOMBA..241
84. MOUSSELINE SABAYON SZÓSZ..243
DESSZERTEK..245
85. FEUILLETÉE PÁSTÉTOM / FRANCIA LEVELES TÉSZTA..........246
86. VOL-AU-VENT / LARGE PATTY SHELL................................249
87. CREME CHANTILLY / LIGHTLY WHIPPED CREAM.................252
88. CRÈME RENVERSÉE AU CARAMEL / MOLDED CARAMEL CUSTARD 254

89. FLAMING SOUFFLÉ / CRÈME ANGLAISE..................256

90. CHARLOTTE MALAKOFF AU CHOCOLAT.......................258

91. POIRES AU GRATIN / BORRAL SÜLT KÖRTE..............263

92. TIMBALE AUX ÉPINARDS / FORMÁZOTT SPENÓTKRÉM..........265

93. TIMBALE AU JAMBON / ÖNTÖTT SONKAKRÉM.......................268

94. KEKSZ VAGY CSOKOLÁDÉ / CSOKOLÁDÉ PISKÓTA..................271

95. CRÈME AU BEURRE À L'ANGLAISE / CUSTARD BUTTER CREAM 275

96. TARTE AUX POMMES / FRANCIA ALMÁS TORTA.....................278

97. ROULÉ A L'ORANGE ET AUX AMANDES KEKSZ........................280

98. FARCE AUX FRAISES CIO-CIO-SAN..284

99. OLASZ HABCSÓK...287

100. CRÈME AU BEURRE À LA MERINGUE / HABCSÓK VAJKRÉM...290

KÖVETKEZTETÉS..293

BEVEZETÉS

A francia sütés világszerte híres finom ízeiről, bonyolult technikáiról és gazdag kulturális örökségéről. A párizsi kávézók vajas croissantjaitól a Ladurée elegáns macaronjaiig a francia péksütemények az engedékenység és a kifinomultság érzését idézik. A francia sütés ezen felfedezése során elmélyülünk a történelemben, a módszerekben és az összetevőkben, amelyek dédelgetett kulináris hagyománnyá teszik. Akár tapasztalt pék, akár csak kezdő, csatlakozzon hozzánk egy utazásra a francia cukrászdák varázslatos világában

REGGELI

1. Crêpes Suzette

ÖSSZETEVŐK:

- 3 csésze narancsvaj
- Dörzsölt edény
- 18 főtt palacsinta, 5-6 hüvelyk átmérőjű
- 2 ek kristálycukor
- ⅓ csésze narancslikőr és konyak

UTASÍTÁS:

a) A narancsvajat egy edényben felforrósítjuk, amíg a keverék enyhén karamellizálódik – ez néhány percig tart.

b) Merítse a palacsinta mindkét oldalát forró vajba, hajtsa a palacsintát a legjobb oldalával kifelé, majd ismét félbe, hogy ék alakú legyen.

c) Helyezze az edény oldalára, és gyorsan ismételje meg a többi palacsintával.

d) A palacsintákat megszórjuk 2 evőkanál cukorral, és ráöntjük a likőröket. Óvatosan rázza fel a serpenyőt, miközben a likőrök melegítenek, és ha nem gyulladnak fel automatikusan, gyufával gyullad meg.

e) A likőrt kanalazzuk a palacsintára, amíg a lángok el nem alszanak. Nagyon forró tányérokon tálaljuk.

2. Molded Eggs/ Oeufs Mollets

ÖSSZETEVŐK:
- 4 tojás
- Só
- Bors
- Pirítós vagy kenyér, tálaláshoz

UTASÍTÁS:
a) Egy közepes méretű serpenyőt megtöltünk vízzel, és nagy lángon felforraljuk.
b) A tojásokat réskanállal óvatosan a forrásban lévő vízbe engedjük.
c) Csökkentse a hőt közepesen alacsonyra, és forralja a tojásokat pontosan 6 percig, hogy puha, folyós sárgáját kapjon, vagy 7 percig, ha valamivel keményebb sárgája lesz.
d) Amíg a tojás fő, készíts elő egy tál jeges vizet.
e) A kívánt főzési idő letelte után óvatosan tegyük át a tojásokat a serpenyőből a jeges vizes tálba a lyukas kanál segítségével.
f) Hagyja a tojásokat körülbelül 2 percig a jeges vízben állni, hogy lehűljön és leálljon a főzési folyamat.
g) Ha kihűlt, óvatosan ütögesse a tojásokat egy kemény felületre, hogy a héja megrepedjen, majd húzza le a héját.
h) A meghámozott tojásokat ízlés szerint sózzuk, borsozzuk.
i) Azonnal tálaljuk az Oeufs Mollets-t pirítóssal vagy kenyérrel a mártáshoz.

3. Crêpes Fourrées Et Flambées

ÖSSZETEVŐK:

- ½ csésze porított, blansírozott mandula (ehhez elektromos turmixgépet is használhat)
- ¼ teáskanál mandula kivonat
- 1 csésze narancsvaj (előző recept)
- 18 főtt palacsinta, 5-6 hüvelyk átmérőjű
- Enyhén kivajazott sütő-tálaló tál
- 3 ek kristálycukor
- ⅓ csésze narancslikőr és konyak kis serpenyőben felmelegítve

UTASÍTÁS:

a) A mandulát és a mandulakivonatot verjük a narancsvajba.

b) Minden palacsinta alsó harmadára kenjünk egy kanálnyit ebből a keverékből, sodorjuk hengerekké, és enyhén kivajazott sütő- és tálalóedénybe rendezzük.

c) Fedjük le és tegyük hűtőszekrénybe felhasználásig. Körülbelül 15 perccel tálalás előtt szórjuk meg a cukorral, és 350-375 fokra előmelegített sütő felső harmadában süssük addig, amíg a cukorfeltete enyhén karamellizálódni nem kezd.

d) Közvetlenül tálalás előtt öntsük rá a meleg likőrt és tegyük az asztalra.

e) Gyújtsd meg gyufával, és kanalazz a likőrrel a palacsintára, amíg a lángok el nem alszanak.

4. Rántott tojások/Oeufs Sur Le Plat

ÖSSZETEVŐK:

- ½ Tb vaj
- 1 vagy 2 tojás
- Só, bors

UTASÍTÁS:

a) Válasszon egy körülbelül 4 hüvelyk átmérőjű, sekély, tűzálló sütő- és tálalóedényt.

b) Helyezze az edényt mérsékelt tűzre vagy egy serpenyőben, forró vízbe. Adjunk hozzá vajat; amint felolvadt beleütjük 1 vagy 2 tojást.

c) Amikor a tojás alja megalvadt az edényben, vegyük le a tűzről, döntsük meg az edényt, és kenjük meg a tojás tetejét az edényben lévő vajjal.

d) Helyezze egy tepsire, és egy perccel tálalás előtt állítsa be úgy, hogy a tojás felülete körülbelül 1 hüvelyk távolságra legyen a vörösen izzó brojler elemtől. Néhány másodpercenként csúsztassa ki az edényt, döntse meg, és kenje meg a tojás tetejét az edényben lévő vajjal.

e) Kevesebb, mint egy percen belül a fehérje megköt, a sárgája filmes és csillogó lesz.

f) Kivesszük a sütőből, sózzuk, borsozzuk, és azonnal tálaljuk.

5. Gratiné gombás omlett sajtszósszal

ÖSSZETEVŐK:

- 1 csésze tejszínes szósz
- ½ csésze durvára reszelt svájci sajt
- ½ lb. szeletelt gomba, előzőleg vajban megpirítva
- Egy serpenyő
- 3 tojás
- Só, bors
- 1½ ek vaj
- Omlett serpenyő vagy tapadásmentes serpenyő, 7 hüvelyk átmérőjű az alján
- Egy keverőtál és egy asztali villa
- Meleg tűzálló tálaló tányér

UTASÍTÁS:

a) A tejszínes szószban 2 evőkanál reszelt sajt kivételével mindent belekeverünk. Helyezze a gomba felét egy serpenyőbe, keverje hozzá a szósz egyharmadát, és melegítse fel közvetlenül az omlett elkészítése előtt.

b) Ha készen áll az omlett elkészítésére, verje fel a tojásokat, egy nagy csipet sót és egy csipet borsot egy keverőtálban villával, amíg a sárgája és a fehérje el nem keveredik – 20-30 másodpercig. Helyezzen egy evőkanál vajat az omlett serpenyőbe vagy serpenyőbe, állítsa magas lángra, és amikor a vaj olvad, döntse meg a serpenyőt minden irányba, hogy bevonja az alját és az oldalát. Amikor a vajhab már majdnem leállt, beleöntjük a tojásokat.

c) Hagyja a tojásokat leülepedni 3 vagy 4 másodpercig, majd bal kézzel fogja meg a serpenyő fogantyúját, és gyorsan mozgassa a serpenyőt a tűzön, keverje meg a tojásokat az asztali villa lapjával. Amikor a tojások nagyon puha pudingossá alvadtak, körülbelül 8 másodperc alatt kanalazzuk át a forró mártásos gombát az omlett közepén, merőlegesen a serpenyő nyelére.

d) Emelje fel a fogantyút a serpenyő eldöntéséhez, fordítsa az omlett közeli végét a töltelékre a villával, és rázza meg a serpenyőt, hogy az omlettet a serpenyő távolabbi széléhez csúsztassa.

e) Fordítsa meg a serpenyőt, és jobb kezével fogja meg a fogantyút, hüvelykujjával felül. Tartson egy meleg tűzálló tálalótányért a bal kezében. Döntse meg a tányért és a serpenyőt ferdén úgy, hogy az edény ajka a tányéron pihenjen. Gyorsan fordítsa fejjel lefelé az omlett tepsit a tányér fölé, és az omlett a helyére kerül.

f) A többi gombát az omlett tetejére kenjük, leöntjük a maradék szósszal, megszórjuk a félretett 2 evőkanál sajttal, és meglocsoljuk a maradék vajjal.

g) Fuss omlettet közel egy izzó brojler alatt körülbelül egy percig, hogy a sajt finoman barnuljon.

h) Egyszerre kínáljuk, zöldsalátával, francia kenyérrel és száraz fehérborral vagy rózsával.

6. Oeufs En Pölye

ÖSSZETEVŐK:
- 2 csésze borízű húszselé
- 4 ovális vagy kerek forma, ½ csésze méretű
- 4 hűtött buggyantott tojás
- Dekorációs javaslatok:
- A friss tárkonyleveleket forrásban lévő vízbe csepegtetjük 30 másodpercre
- Kerek vagy ovális főtt sonka
- Szelet szarvasgomba vagy libamáj, vagy 4 Tb májhab

UTASÍTÁS:
a) Minden formába öntsünk egy $\frac{1}{8}$ hüvelykes réteg zselét, és hűtsük le, amíg meg nem áll.
b) Mártsunk tárkonylevelet, szarvasgombát vagy sonkát majdnem megkötött zselébe, és helyezzük el minden formába a lehűtött zselét; ha libamájhabot vagy májhabot használunk, tegyünk rá egy szeletet vagy kanállal.
c) Fedjük le hűtött buggyantott tojással, a legvonzóbb oldalával lefelé. Töltsük meg a formákat hideg szirupos zselével (ha a zselé meleg, akkor a díszítés kicsúszik); hűtsük le legalább egy órát, amíg meg nem áll.
d) Egyenként bontsuk ki a formából úgy, hogy forró vízbe mártjuk, gyorsan körbefuttatjuk a kést az aszpik szélén, és a formát egy tányérra fordítjuk, miközben éles rángatást adunk lefelé.

7. Ramekins/Oeufs En Cocotte a La Crème - ben sült tojás

ÖSSZETEVŐK:

- ½ teáskanál vaj
- 2 ek nehéz tejszín
- 1 vagy 2 tojás
- Só, bors

UTASÍTÁS:

a) A sütőt előmelegítjük 375 fokra.
b) Válasszon egy 2½-3 hüvelyk átmérőjű és körülbelül 1½ hüvelyk mélységű porcelán vagy tűzálló üvegedényt. Rendezzük egy serpenyőbe, amely ¾ hüvelyk vizet tartalmaz, és helyezze egy égő fölé; vizet forralunk fel.
c) Helyezzen egy pöttynyi vajat a ramekinbe; adjunk hozzá egy evőkanál tejszínt, és törjük bele a tojást vagy a tojásokat. Amikor a tojásfehérje elkezdett megalvadni a ramekin aljában, hozzáadjuk a maradék kanál tejszínt, a fűszereket és a vajat. Tedd az előmelegített sütő alsó harmadába, és süsd 7-8 percig. A tojások készen vannak, amikor éppen megszilárdultak, de még mindig enyhén remegnek.
d) Ha várni szeretne egy kicsit a tálalás előtt, vegye ki a sütőből, amikor kissé megsült; befejezik a főzést, és 10-15 percig melegen maradnak a vízben. Tálalás előtt sózzuk, borsozzuk.

8. Crêpes Roulées Et Farcies

ÖSSZETEVŐK:
A KRÉMES KAGYLÓHÚS
- 2 ek vaj
- 8 hüvelykes zománcozott vagy tapadásmentes serpenyő
- 3 ek darált mogyoróhagyma vagy mogyoróhagyma
- 1½ csésze kockára vágott vagy felaprított főtt vagy konzerv kagylóhús
- Só, bors
- ¼ csésze száraz fehér vermut
- Egy tál

A BOR- ÉS SAJTSZÓSZ
- ⅓ csésze száraz fehér vermut
- 2 ek kukoricakeményítő egy kis tálban 2 tb tejjel elkeverve
- 1½ csésze kemény tejszín
- ¼ teáskanál só
- fehér bors
- ½ csésze reszelt svájci sajt

ÖSSZESZERELÉS ÉS SÜTÉS
- 12 főtt palacsinta, 6-7 hüvelyk átmérőjű
- ¼ csésze reszelt svájci sajt
- 2 ek vaj
- Enyhén kivajazott tepsi

UTASÍTÁS:
a) A vajat felforrósítjuk a serpenyőben, belekeverjük a medvehagymát vagy a mogyoróhagymát, majd a kagylókat. Dobd fel és keverd közepes lángon 1 percig. Sózzuk, borsozzuk, majd hozzáadjuk a vermutot, és gyorsan forraljuk, amíg a folyadék szinte teljesen el nem párolog. Egy tálba kaparjuk.

b) Adja hozzá a vermutot a serpenyőbe, és forralja fel gyorsan, amíg egy evőkanálra nem csökken. Vegyük le a tűzről; keverjük hozzá a kukoricakeményítő keveréket, a tejszínt, a fűszereket. Pároljuk 2 percig keverés közben, majd keverjük hozzá a sajtot, és pároljuk még egy percig. Helyes fűszerezés.

c) A szósz felét a kagylóba keverjük, majd mindegyik palacsinta alsó harmadára teszünk egy nagy kanál kagylós keveréket, és a palacsintákat hengeres formára sodorjuk. A palacsintákat enyhén kivajazott tepsibe helyezzük szorosan egymás mellé, rákanalazzuk a szósz maradékát, megszórjuk a sajttal, és megszórjuk a vajdarabokkal. Hűtőbe tesszük, amíg készen nem vagyunk a sütésre. Tálalás előtt 15-20 perccel az előmelegített, 425 fokra előmelegített sütő felső harmadába tesszük, amíg forró, és a sajtfeltöltés enyhén megpirul, vagy melegítsük és süssük meg alacsony broiler alatt.

9. Gateau De Crêpes a La Florentine

ÖSSZETEVŐK:
KRÉMSZÓZS SAJTOTT, SPENÓT, GOMBÁT
- 4 ek vaj
- 5 ek liszt
- 2¾ csésze forró tej
- ½ teáskanál só
- Bors és szerecsendió
- ¼ csésze nehéz tejszín
- 1 csésze durvára reszelt svájci sajt
- 1½ csésze főtt apróra vágott spenót
- 1 csésze krémsajt vagy túró
- 1 tojás
- 1 csésze kockára vágott friss gomba, előzőleg vajban megpirítva 2 ek darált mogyoróhagymával vagy mogyoróhagymával

ÖSSZESZERELÉS ÉS SÜTÉS
- 24 főtt palacsinta, 6-7 hüvelyk átmérőjű
- Enyhén kivajazott tepsi
- 1 ek vaj

UTASÍTÁS:
a) A szószhoz a vajat felolvasztjuk, belekeverjük a lisztet, és színezés nélkül lassan 2 percig főzzük; levesszük a tűzről, beleütjük a tejet, ízlés szerint sót, borsot és szerecsendiót. Forraljuk keverés közben 1 percig, majd keverjük hozzá a tejszínt és 2 evőkanál svájci sajt kivételével. pároljuk egy kicsit, majd javítsuk a fűszerezést.

b) A spenóthoz keverjen néhány evőkanál szószt, és gondosan korrigálja a fűszerezést. A krémsajtot vagy a túrót a tojással, a gombával és néhány evőkanál szósszal felverjük, hogy sűrű masszát kapjunk; helyes fűszerezés.

c) A sütőt előmelegítjük 375 fokra.
d) Egy enyhén kivajazott tepsi aljába teszünk egy palacsintát, megkenjük spenóttal, befedjük egy palacsintával, megkenjük egy réteg sajt-gombás keverékkel, és így folytatjuk a többi palacsintával és a 2 töltelékkel, a halmot kreppel zárva le.
e) A maradék sajtszószt ráöntjük a halomra, megszórjuk a maradék 2 evőkanál reszelt svájci sajttal, és meglocsoljuk egy evőkanál vajjal.
f) Tálalás előtt hűtsük 30-40 percig, majd tegyük az előmelegített sütő felső harmadába, amíg forró lesz, és a sajt teteje enyhén megpirul.

10. Gateau De Crêpes a La Normande-ban

ÖSSZETEVŐK:
- 4-5 csésze szeletelt alma (kb. 2 font)
- Egy nagy, vastag fenekű tepsi
- ⅓ csésze kristálycukor
- 4 ek olvasztott vaj
- 12 főtt palacsinta, 5-6 hüvelyk átmérőjű
- Enyhén kivajazott sütő-tálaló tál
- 6-8 állott macaroon, morzsolva
- Még több olvasztott vajat és cukrot és konyakot

UTASÍTÁS:
a) Az almát kiterítjük a tepsibe, megszórjuk cukorral és olvasztott vajjal, és előmelegített, 350 fokra előmelegített sütő középső szintjén kb. 15 percre, vagy amíg az almaszeletek megpuhulnak.

b) A kivajazott sütő-tálaló edénybe egy palacsintát helyezünk, megkenjük egy réteg almaszeletekkel, megszórjuk macaronnal, és ízlés szerint pár csepp vajjal és konyakkal.

c) Tegyünk a tetejére egy palacsintát, fedjük be almával, és így folytassuk, egy palacsintával befejezve. Megszórjuk olvasztott vajjal és cukorral.

d) Körülbelül 30 perccel a tálalás előtt 375 fokra előmelegített sütő középső szintjén süssük forróra. Tálaljuk úgy, ahogy van, vagy lángra lobbantjuk az előző recept szerint.

11. Crêpes De Pommes De Terre / Reszelt burgonyás palacsinta

ÖSSZETEVŐK:

- 8 uncia krémsajt
- 3 ek liszt
- 2 tojás
- ½ teáskanál só
- ⅛ teáskanál bors
- 6 uncia (1½ csésze) svájci sajt, ⅛ hüvelykes kockákra vágva
- 2½ font. "sütő" burgonya (4 csésze reszelve)
- 3-4 ek nehéz tejszín
- Egy 10 hüvelykes serpenyő
- Körülbelül 1½ ek vaj, szükség esetén több
- Körülbelül 1½ tb olaj, szükség esetén még több

UTASÍTÁS:

a) Keverje össze a krémsajtot, a lisztet, a tojást, a sót és a borsot egy nagy keverőtálban keverővillával. Belekeverjük a felkockázott sajtot.

b) A burgonyát meghámozzuk, nagy lyukú reszelőn lereszeljük. Egyszerre egy marékkal, egy törülköző sarkában gömbölyűvé csavarjuk a burgonyát, és annyi levet vonjunk ki belőle, amennyit csak tudunk.

c) Belekeverjük a sajtba és a tojásba, majd annyi tejszínt adunk hozzá, hogy krémes cola saláta állagú legyen.

d) Egy serpenyőben felhevítjük a vajat és az olajat, majd kis- vagy nagyobb, kb. Közepes lángon főzzük 3-4 percig, amíg buborékok nem jelennek meg a tésztán.

e) Enyhén csökkentse a hőt, fordítsa meg, és süsse még 4-5 percig a másik oldalon. Ha nem tálaljuk azonnal, helyezzük el egy rétegben egy tepsibe, és hagyjuk fedetlenül. 400 fokra előmelegített sütőben néhány percig ropogósra sütjük.

f) Sülttel, steakekkel, buggyantott vagy tükörtojással tálaljuk.

12. Banana creme Crêpes

ÖSSZETEVŐK:

- 4 banán, megosztott felhasználással
- 8 uncia tejszínes karamell tartály
- Ízesített joghurt
- ½ csésze tejszínhab vagy fagyasztott
- Nem tejből készült felvert feltét,
- Kiolvasztott, plusz további
- Díszít
- 6 kész palacsinta
- Juhar- vagy csokoládészirup

UTASÍTÁS:

a) Tegyünk 2 banánt aprítógépbe vagy turmixgépbe, és turmixoljuk simára.

b) Adjunk hozzá joghurtot, turmixoljuk össze. Belekeverjük a felvert feltétet.

c) A maradék banánt apróra vágjuk. Félretesszük, 12 szelet a feltéthez.

d) Helyezzen palacsintát minden tálalótányérra: ossza el a joghurtos keveréket minden palacsintára.

e) Oszd szét a maradék banánszeleteket és a tejszínhabot vagy a feltétet.

f) Minden palacsintát csorgassunk sziruppal.

13. Cherry Crêpes

ÖSSZETEVŐK:

- 1 csésze tejföl
- ⅓ csésze barna cukor, szorosan csomagolva
- 1 csésze keksz keverék
- 1 tojás
- 1 csésze tej
- 1 doboz Cseresznyés pite töltelék
- 1 teáskanál narancs kivonat

UTASÍTÁS:

a) A tejfölt és a barna cukrot összekeverjük, majd félretesszük. Keverjük össze a keksz keveréket, a tojást és a tejet.

b) Keverjük simára. Melegítse fel az olajozott 6"-os serpenyőt.

c) Egyszerre 2 evőkanál kekszkeveréket süss enyhén barnára, fordítsd meg és barnulj meg.

d) Töltsön meg minden palacsintát egy adag tejfölös keverékkel. Felteker.

e) A varrás oldalával lefelé helyezzük a tepsibe. Összeöntjük a meggyes pite töltelékét.

f) 350 ~ 5 percig sütjük. Öntsön narancskivonatot a palacsintára, és tálaláshoz meggyújtja.

14. Kumquat-pecan Crêpes

ÖSSZETEVŐK:

- ½ csésze tartósított kumquat
- 3 nagy tojás
- 1½ csésze pekándió, kockára vágva
- ¾ csésze cukor
- ¾ csésze vaj, szobahőmérséklet
- 3 evőkanál konyak
- ½ csésze pekándió, kockára vágva
- ¼ csésze cukor
- ¼ csésze vaj, olvasztott
- ½ csésze konyak

UTASÍTÁS:
KITÖLTÉSÉHEZ:

a) A kumquatokat magozzuk ki, vágjuk fel és töröljük szárazra, fél csésze kumquat szirupot lefoglalva.

b) Keverje össze a tojást, 1½ csésze pekándiót, ¾ csésze cukrot, ¾ csésze vajat, kumquatot és 3 evőkanál konyakot egy processzorban vagy turmixgépben, és jól keverje össze a be- és kikapcsolással. Forgasd tálba.

c) Fedjük le és fagyasztjuk legalább 1 órára.

ÖSSZESZERELÉS:

d) Két 7x11 hüvelykes sütőedényt bőségesen vajazz ki.

e) Tartson ⅓ csésze tölteléket a szószhoz. Töltsön meg minden palacsint körülbelül 1 ½-2 evőkanál töltelékkel. Roll Crêpes felfelé szivar divat.

f) A varrás oldalával lefelé egy rétegben elrendezzük az elkészített sütőedényekben.

g) Melegítsük elő a sütőt 350 fokra. A palacsintákat megszórjuk a maradék pekándióval és cukorral, és meglocsoljuk olvasztott vajjal.

h) Süssük forrón, körülbelül 15 percig.

i) Eközben egy kis serpenyőben keverj össze ⅓ csésze fenntartott tölteléket, 2 evőkanál konyakot és ⅓ csésze fenntartott kumquat szirupot, és forrald lassú tűzön.

j) Melegítse fel a maradék konyakot egy kis serpenyőben.

k) Tálaláskor palacsintát tálra rakunk, és megkenjük mártással. Gyújtsa meg a konyakot, és öntse a tetejére, és rázza a tányért, amíg a láng el nem múlik. Azonnal tálaljuk.

15. Trópusi gyümölcs Crêpe s

ÖSSZETEVŐK:
- 4 uncia Sima liszt, szitált
- 1 csipet só
- 1 teáskanál porcukor
- 1 tojás, plusz egy sárgája
- $\frac{1}{2}$ pint tej
- 2 evőkanál olvasztott vaj
- 4 uncia cukor
- 2 evőkanál brandy vagy rum
- $2\frac{1}{2}$ csésze trópusi gyümölcs keverék

UTASÍTÁS:

a) A Crêpe tésztához tegyük egy tálba a lisztet, a sót és a porcukrot, és keverjük össze.

b) Fokozatosan keverjük hozzá a tojást, a tejet és a vajat. Hagyja állni legalább 2 órát.

c) Melegíts fel egy enyhén kivajazott serpenyőt, keverd össze a tésztát, és készíts belőle 8 palacsintát. Tartsd melegen.

d) A töltelék elkészítéséhez a trópusi gyümölcskeveréket a cukorral egy serpenyőbe tesszük, és óvatosan melegítjük, amíg a cukor fel nem oldódik.

e) Felforraljuk és addig melegítjük, amíg a cukor karamellizálódik. Adjuk hozzá a pálinkát.

f) Töltsön meg minden palacsintát gyümölccsel, és azonnal tálalja tejszínnel vagy creme fraiche-val.

16. Lemon Crêpes

ÖSSZETEVŐK:
- 1 nagy tojás
- $\frac{1}{2}$ csésze tej
- $\frac{1}{4}$ csésze univerzális liszt
- 1 teáskanál cukor
- 1 teáskanál reszelt citromhéj
- 1 csipet só
- Serpenyőhöz vaj vagy olaj

citromszósz:
- 2 csésze víz
- 1 csésze cukor
- 2 citrom, papír vékonyra szeletelve, kimagozva

KRÉM TÖLTETÉS:
- 1 csésze kemény tejszín, hideg
- 2 teáskanál cukor
- 1 teáskanál vanília kivonat

UTASÍTÁS:
KRÊPE TÉSZTA:
a) A tojást és a tejet enyhén habosra keverjük egy közepes keverőtálban.

b) Adjuk hozzá a lisztet, a cukrot, a citromhéjat és a sót, és keverjük simára.

c) Lefedve hűtőbe tesszük legalább 2 órára vagy egy éjszakára.

citromszósz:

d) Melegítsük fel a vizet és a cukrot egy erős, közepes serpenyőben, amíg a cukor fel nem oldódik.

e) Adjunk hozzá citromszeleteket, és pároljuk 30 percig. Szobahőmérsékletűre hűtjük.

KREPÉT KÉSZÍTÉS:

f) Kenje be a palacsintát egy 6 hüvelykes tapadásmentes serpenyőbe vékony réteg vajjal vagy olajjal.
g) Melegítsük fel a serpenyőt közepesen magas lángon.
h) Öntsön bele 2 evőkanál Crêpe tésztát, és gyorsan döntse meg a serpenyőt, hogy a tészta egyenletesen terüljön el.
i) Addig sütjük, amíg az alja aranybarnára nem válik, és a széle el nem válik a serpenyő oldalától, körülbelül 3 percig.
j) Fordítsa meg a palacsintát, és süsse meg a második oldalát körülbelül 1 percig.
k) Tányéron hagyjuk kihűlni, és ismételjük meg a maradék tésztával, hogy összesen 8 palacsinta legyen.
l) Közvetlenül tálalás előtt készítse el a krémes tölteléket: keverje fel a tejszínt, a cukrot és a vaníliát egy keverőtálban, amíg kemény csúcsok nem lesznek.
m) Tegyünk 2 palacsintát aranysárgával lefelé minden desszerttányérra.
n) Minden palacsintára kanalazzuk a krémes tölteléket, és feltekerjük, a széleket behajtjuk, és a varrás oldalával lefelé helyezzük a tányérokra.
o) Minden adagra öntsön $\frac{1}{4}$ csésze citromszószt, és azonnal tálalja.

17. Palacsinta Chablis gyümölcsszósszal

ÖSSZETEVŐK:

- 3 tojás
- 1 csésze sovány tej
- 1 csésze Liszt
- $\frac{1}{8}$ teáskanál só
- Főző spray
- $\frac{1}{2}$ csésze Chablis bor
- $\frac{1}{4}$ csésze víz
- $\frac{1}{4}$ csésze cukor
- 1 evőkanál kukoricakeményítő
- $\frac{3}{4}$ csésze friss vagy fagyasztott eper
- $\frac{1}{2}$ csésze kockára vágott narancsszeletek
- 1 evőkanál vizet
- 4 Lovers palacsinta

UTASÍTÁS:

a) Keverje össze az első 4 összetevőt, és keverje alacsony sebességgel körülbelül egy percig. Az oldalát kaparjuk le, és jól turmixoljuk simára.

b) 30 percig állni hagyjuk. Egy $6\frac{1}{2}$ hüvelykes omlett vagy serpenyő alját bevonjuk főzőpermettel.

c) Forró serpenyőt alacsony lángon.

d) Öntsön bele körülbelül 3 evőkanál tésztát – döntse meg és fordítsa el a serpenyőt, hogy egyenletesen oszlassa el.

e) Addig sütjük, amíg az alja enyhén megpirul – fordítsa meg, és pirítsa meg a másik oldalát is.

f) A viaszos papírral szétválasztott palacsinta csomagolásához fagyassza le vagy hűtse le.

CHABLIS GYÜMÖLCSSZÓSZ:

g) Egy kis serpenyőben keverje össze az első 3 hozzávalót - forralja fel - forralja 5 percig.

h) Keverje simára a kukoricakeményítőt és 1 evőkanál vizet.

i) Hozzákeverjük a boros keverékhez, és néhány percig pároljuk, amíg besűrűsödik, időnként megkeverve.

j) Adjuk hozzá a gyümölcsöt és melegítsük addig, amíg a gyümölcs forró lesz. Töltsd meg a palacsintákat, hajtsd rá, és önts rá plusz szószt.

18. Ambrosia Crêpes

ÖSSZETEVŐK:
- 4 palacsinta
- 16 uncia konzerv gyümölcskoktél
- 1 doboz Fagyasztott desszert öntet - felengedve
- 1 kis érett banán szeletelve
- ½ csésze miniatűr mályvacukor
- ⅓ csésze kókuszreszelék

UTASÍTÁS:
a) Díszítsük további feltéttel és gyümölccsel.
b) A palacsinta lefagyasztásához viaszos papír van közöttük.
c) Csomagolja vastag fóliába vagy fagyasztópapírba.
d) 350 fokos sütőben 10-15 percig melegítjük.

19. Bogyós palacsinta narancsmártással

ÖSSZETEVŐK:

- 1 csésze friss áfonya
- 1 csésze szeletelt eper
- 1 evőkanál cukor
- Három 3 uncia csomag lágyított krémsajt
- $\frac{1}{4}$ csésze méz
- $\frac{3}{4}$ csésze narancslé
- 8 palacsinta

UTASÍTÁS:

a) Egy kis tálban összekeverjük az áfonyát, az epret és a cukrot, majd félretesszük.

b) A szósz elkészítéséhez a krémsajtot és a mézet habosra verjük, majd lassan hozzákeverjük a narancslevet.

c) Körülbelül $\frac{1}{2}$ csésze bogyós tölteléket kanalazunk 1 palacsinta közepére. Körülbelül 1 evőkanál szószt kanalazunk a bogyókra. Feltekerjük, tálaló tányérra tesszük. Ismételje meg a maradék palacsintával.

d) A maradék szószt ráöntjük a palacsintára.

20. Alap croissant

ÖSSZETEVŐK:

- ¾ csésze plusz 1 evőkanál teljes tej
- 2 teáskanál instant élesztő
- 2⅔ csésze univerzális liszt (vagy T55 liszt), plusz a formázáshoz
- 1 evőkanál plusz 1½ teáskanál (20 gramm) kristálycukor
- 2 teáskanál kóser só
- 1 csésze sótlan vaj, szobahőmérsékleten, osztva
- 1 nagy tojás

UTASÍTÁS:

a) Készítsük el a tésztát: Egy közepes tálban keverjük össze a tejet és az élesztőt, majd adjuk hozzá a lisztet, a cukrot, a sót és a vajat, és keverjük addig, amíg bozontos tésztát nem kapunk. Fordítsa ki a tésztát egy tiszta padra, és gyúrja 8-10 percig (vagy tegye át egy állványos keverőbe, és dagasszon 6-8 percig alacsony sebességgel), amíg sima, nyújtható és rugalmas nem lesz.

b) Ha kézzel gyúrjuk, tegyük vissza a tésztát a tálba. Fedjük le egy törülközővel, és tegyük félre 1 órára, vagy amíg a duplájára nem nő. (Ez az időzítés a konyhai hőmérséklettől függően változhat.)

c) Fordítsuk ki a tésztát egy tiszta padra, és enyhén nyomkodjuk egy 8 hüvelykes négyzetre. Csomagoljuk be műanyag fóliával és tegyük hűtőbe 1 órára. Ezt tésztablokknak nevezik.

d) A tésztablokk és a vajblokk hőmérséklete és állaga hasonló legyen, ezért a hűtés elengedhetetlen.

e) A tésztatömb 30 perces hűtése után helyezze a maradék ¾ csésze (170 gramm) vajat egy sütőpapírra. Tegyen a tetejére egy további sütőpapírt, és egy sodrófa és egy műanyag padkaparó segítségével formálja a vajat 6 × 8 hüvelykes téglalappá. Csúsztassa a sütőpapír csomagot egy tepsire, és tegye be a hűtőszekrénybe 15-20 percre, amíg szilárd, de hajlékony lesz. Képesnek kell lennie arra, hogy meghajlítsa a csomagot anélkül, hogy szilánkokra pattanna.

f) Tegye félre a vajtömböt a padon, amíg formázza a tésztát. Ez biztosítja a megfelelő hőmérsékletet (nem túl hideget) a bedolgozás előtt. Szórja meg a padot és a tészta tetejét liszttel, és sodorja a tésztatömböt 9 x 13 hüvelykes téglalappá. Ecsetelje le a felesleges lisztet. Csomagolja ki a vajat, és fordítsa rá a tészta közepére, hogy a szélei majdnem találkozzanak a tésztatömb oldalával. Hajtsa rá a tészta felső és alsó részét a vajtömbre, középen találkozva. Alaposan szorítsa össze a középső és a végvarratokat. A hőmérséklet kulcsfontosságú, ezért gyorsan dolgozzon.

g) Szórja meg a padot liszttel, és forgassa el a tésztát úgy, hogy a középső varrás Ön felé mutasson. Nyújtsa ki a tésztát oda-vissza mozdulatokkal, hogy egy 7 x 21 hüvelykes téglalapot hozzon létre, óvatosan dolgozva, hogy a vaj ne kerüljön ki a tésztából. Ha kikandikál a vaj, csípjük körbe a tésztát, hogy ellepje, és szórjuk meg liszttel. Hajtogatás előtt kenjük le a felesleges lisztet.

h) Hajtsa a tészta felső harmadát a közepe felé, majd a tészta alsó harmadát hajtsa a közepére, hogy betűhajtást hozzon létre. Ecsetelje le a felesleges lisztet.

i) Csomagolja be a tésztát műanyag fóliába, és hűtse 30 percig.

j) Ismételje meg a 6. lépést, kezdve a tészta bal oldalán lévő behajtott szélével, majd a tésztát 7x21 hüvelykes téglalappá sodorja, majd levélhajtást készít. Ismét csomagolja be a tésztát, és hűtse 45 percig.

k) Ismételje meg ezt a lépést még egyszer, majd csomagolja be a tésztát, és hűtse legalább 1 órára vagy egy éjszakára.
l) Formázás és kisütés: Egy tepsit kibélelünk sütőpapírral.
m) Szórja meg a munkapadot liszttel, és nyújtsa a tésztát $\frac{1}{4}$ hüvelyk vastag, körülbelül 9 x 20 hüvelyk méretű téglalappá.
n) Egy vágókéssel jelöljön meg 4 hüvelykes részeket a hosszú oldal hosszában. Szakácskéssel vágja le a téglalapot a 4 hüvelykes jelöléseknél, így öt 4 x 9 hüvelykes részt hoz létre. Ezeket a szakaszokat átlósan felére vágva összesen 10 háromszöget hozz létre.
o) Mindegyik háromszög alját nyújtsa meg kissé, hogy egy kicsit megnyúljon.
p) A hosszú oldaltól kezdve a háromszögeket feltekerjük, hogy croissant formát kapjunk.
q) Amikor már majdnem elérte a tekercs végét, húzza meg egy kicsit a hegyét, hogy megnyújtsa, és tekerje körbe a croissant-t, és enyhén csípje meg, hogy lezárja. Helyezzen minden kiflit az előkészített tepsire úgy, hogy a hegyek az alján legyenek, nehogy kinyíljanak kelesztés és sütés közben. Helyezze őket néhány hüvelyk távolságra egymástól.
r) Fedjük le a tálcát műanyag fóliával, és tegyük félre, hogy szobahőmérsékleten $1\frac{1}{2}$-$2\frac{1}{2}$ órára kelni kezdjenek. (Ez az időzítés a konyhai hőmérséklettől függően változhat, de az ideális hőmérséklet 75°F és 80°F között van.) Vizsgálja meg, amíg el nem éri a mályvacukros konzisztenciát és a térfogat növekedését. Ha megszurkáljuk a tésztát, kissé vissza kell ugrálnia, és egy bemélyedés marad.
s) 1 óra kelesztés után melegítse elő a sütőt 400°F-ra.
t) Egy kis tálkában verjük fel a tojást egy fröccsenő vízzel, és cukros ecsettel kenjük át a croissant-ra a mázat. Ecsetelje át őket még egyszer, hogy extra fényt kapjon.

u) Süssük 30-35 percig, amíg a croissant aranybarna nem lesz. Melegen tálaljuk.

21. Klasszikus croissant

ÖSSZETEVŐK:

- 4 csésze univerzális liszt
- 1/4 csésze cukor
- 1 1/2 teáskanál só
- 2 1/4 teáskanál instant élesztő
- 1 1/4 csésze hideg tej
- 2 evőkanál sótlan vaj, megpuhult
- 2 1/2 rúd sótlan vaj, lehűtve és vékony szeletekre vágva
- 1 tojást 1 evőkanál vízzel felverünk

UTASÍTÁS:

a) Egy nagy tálban keverjük össze a lisztet, a cukrot, a sót és az élesztőt.

b) Hozzáadjuk a hideg tejet és a 2 evőkanál puha vajat, és addig keverjük, amíg bozontos tésztát nem kapunk.

c) A tésztát lisztezett felületre borítjuk, és körülbelül 10 percig dagasztjuk, amíg sima és rugalmas nem lesz.

d) A tésztát enyhén olajozott tálba tesszük, műanyag fóliával letakarjuk, és 1 órára hűtőbe tesszük.

e) Lisztezett felületen a kihűlt vajszeleteket téglalappá forgatjuk. A tésztát ráhajtjuk a vajra, és a széleit összecsavarjuk.

f) A tésztát és a vajat hosszú téglalappá nyújtjuk. Hajtsa harmadára, mint egy levelet.

g) A tésztát újra kinyújtjuk, és a hajtogatási folyamatot még kétszer megismételjük. Hűtsük le a tésztát 30 percig.

h) A tésztát még egyszer nyújtsuk ki egy nagy téglalappá, majd vágjuk háromszögekre.

i) Minden háromszöget feltekerünk a széles végétől kezdve, és félhold alakúra formázzuk.

j) A kifliket bélelt tepsire tesszük, lekenjük tojással, és 1 órát kelesztjük.

k) Melegítsd elő a sütőt 200°C-ra, és süsd a kifliket 20-25 perc alatt aranybarnára.

22. Toll kenyér croissant

ÖSSZETEVŐK:
- 2 teáskanál kenyérsütőgép élesztő
- 2¼ csésze univerzális liszt
- 2 teáskanál Só
- 2 evőkanál instant, zsírmentes száraz tejszáraz
- 1 evőkanál cukor
- ⅞ csésze víz
- 4 uncia sótlan vaj
- 1 nagy tojás; -vel megverték
- 1 evőkanál víz; üvegezéshez
- 3 tábla (1,45 uncia) félédes csokoládé

UTASÍTÁS:

a) Adja hozzá az élesztőt, a lisztet, a sót, a száraz tej szárazanyagát, a cukrot és a vizet a kenyérsütőgép serpenyőjébe, és tegye a gépbe. A hozzávalókat a tészta beállításán dolgozza fel, amíg jól be nem olvad, és a legtöbb gépen körülbelül 10 percig nem tapadnak száraz hozzávalók a serpenyő oldalához.

b) A tészta kikeverése után kapcsolja ki a gépet, és hagyja, hogy a tészta a duplájára keljen a gépben, körülbelül 1 és fél óráig.

c) Eközben helyezze a vajat 2 réteg műanyag fólia vagy viaszpapír közé. Ujjaival lapítsa el és formálja a vajat 6 hüvelyk átmérőjű négyzetre, amely körülbelül 1,5 hüvelyk vastag. Hűtsük le legalább 15 percig. Használatakor a vajnak olyan állagúnak kell lennie, mint a növényi zsiradék. Ha túl kemény, elszakad a tészta; ha túl puha, kifolyik az oldala. Ennek megfelelően melegítse fel vagy hűtse le.

d) Amikor a tészta térfogata a duplájára nőtt, jól lisztezett felületre borítjuk. Lisztezett kézzel 13 hüvelykes négyzet alakúra nyomkodjuk a tésztát. Csomagolja ki a kihűlt vajat, és helyezze átlósan a tészta négyzet közepére. A tészta sarkait a vajra húzzuk, hogy a közepén találkozzanak (olyan lesz, mint egy boríték). Nyomja meg a tészta közepét és széleit, hogy elsimuljon, és a vajba zárjuk.

e) Enyhén lisztezett sodrófával 18 x 9 hüvelykes téglalappá nyújtjuk a tésztát. Ne nyomja túl erősen. Ha megteszi, a vaj kiszivárog, vagy a tészta elszakad (ha szakad, csak összecsípje a foltot). Hajtsa rá a tésztatéglalap egyik 9 hüvelykes végét a tészta középső harmadára. Hajtsa rá a maradék harmadára.

f) Nyújtsa ki a tésztát ismét 18 x 9 hüvelykes téglalappá. Hajtsa össze, mint korábban, a 3 réteg kialakításához, és tegye műanyag zacskóba, vagy csavarja lazán műanyag fóliába. Hűtsük le a tésztát 30 percre, majd ismételjük meg a hengerlési, hajtogatási és hűtési folyamatot még kétszer.

g) A tésztát az utolsó hajtogatást követően egy éjszakára hűtőbe tesszük.

h) A kiflik vágásához és formázásához vágjuk ketté a tésztát. Csomagolja be az egyik felét műanyagba, és tegye vissza a hűtőszekrénybe, amíg a másik felével dolgozik. A tésztát enyhén lisztezett felületen 13 hüvelykes kör alakúra nyújtjuk.

i) 6 szeletre vágjuk. Óvatosan húzza meg az egyes ékek alját körülbelül 6 hüvelyk szélességre, és mindegyik ék hosszát körülbelül 7 hüvelykre. Az alaptól kezdve tekerje fel az éket. Helyezze a croissant-t a legfelső ponttal alatta egy nagy teherbírású tepsire.

j) Görbítse meg az alappontokat a középpont felé, hogy félhold alakú legyen. Tekerjük és formázzuk meg az összes kiflit úgy, hogy 2 hüvelyk távolságra helyezzük őket a tepsire.

k) A kifliket vékonyan megkenjük a tojásos mázzal. Ezután hagyja meleg helyen kelni, amíg világos és puffadt nem lesz, körülbelül 1 és fél óráig. Közben melegítse elő a sütőt 400 F-ra. Közvetlenül a sütőbe helyezés előtt még egyszer megkenjük a kifliket tojásmázzal. 15 percig sütjük, vagy amíg aranybarnák nem lesznek. Vegyük le a kifliket a tepsiről, hogy rácson hűljenek. Melegen, lekvárral vagy kedvenc szendvics töltelékkel tálaljuk.

l) Az előírás szerint elkészítjük a kifli tésztát.

m) Miután kettévágta, enyhén lisztezett felületen mindkét felét 14 x 12 hüvelykes téglalappá tekerje. Vágja mindegyik felét hat 7 x 4 hüvelykes téglalapra.

n) Törj szét három 1,45 uncia tábla félédes vagy étcsokoládét, hogy 12 téglalap alakú legyen, mindegyik körülbelül 3 x 1,5 hüvelyk. Helyezzen egy darab csokoládét hosszában minden tészta egyik rövidebb végén. Tekerjük fel, hogy a csokoládé teljesen beburkolódjon, és nyomkodjuk le a széleit, hogy lezárják. Helyezze a kifliket a varrás oldalával lefelé egy nagy tepsire.

o) Folytassuk a mázzal és süssük meg az utasítás szerint.

23. Magtár croissant

ÖSSZETEVŐK:
- ¼ pint langyos víz
- 7 uncia cukrozatlan, részben fölözött sűrített tej
- 1 uncia szárított élesztő
- 2 uncia sótlan vaj; olvasztott
- 1 font magtárliszt
- Egy csipet só
- 3 uncia napraforgó- vagy szójamargarin
- Tej a mázhoz

UTASÍTÁS:

a) Keverjük össze a vizet az elpárolgott tejjel, majd morzsoljuk bele a friss élesztőt, vagy keverjük bele a szárított élesztőt.

b) Adjuk hozzá a vajat. A lisztet a sóval egy nagy tálba szitáljuk, a szitáról visszaforgatjuk a szemeket a tálban lévő lisztbe.

c) Dörzsölje a margarint a lisztbe, amíg a keverék zsemlemorzsa nem lesz.

d) A liszt közepébe mélyedést készítünk, beleöntjük az élesztős keveréket, és alaposan elkeverjük.

e) A tésztát enyhén lisztezett felületre borítjuk, és 3 percig dagasztjuk.

f) Tegyük vissza a tésztát a tálba, takarjuk le egy nedves konyharuhával, és hagyjuk meleg helyen kelni körülbelül 30 percig, amíg a duplájára nem nő.

g) Ha a szobahőmérséklet hideg, a kelést mikrohullámú sütővel is meg lehet gyorsítani: mikrohullámú sütőben, mikrohullámú sütőben ellenálló edényben, 10 másodpercig, teljes teljesítménnyel mikrózzuk a lefedett tésztát. Hagyja a tésztát 10 percig pihenni, majd ismételje meg a folyamatot kétszer.

h) A megkelt tészta felét enyhén lisztezett felületre borítjuk, és körülbelül 5 mm ($\frac{1}{4}$ hüvelyk) vastagságú kör alakúra nyújtjuk. Éles késsel vágja a tésztát nyolc háromszög alakú szeletre. A külső éltől kezdve minden szegmenst a közepére tekerjen. Minden darabot félhold alakúra hajlítunk, és enyhén olajozott tepsire helyezzük.
i) Konyharuhával letakarjuk és duplájára kelesztjük.
j) Közben melegítse elő a sütőt Gas Mark 5/190C/375 F-ra. Ismételje meg a formázást a tészta másik felével.
k) Alternatív megoldásként a maradék tésztát letakarva legfeljebb 4 napig hűtőszekrényben hagyjuk, és akkor használjuk fel, ha friss croissant-ra van szükségünk.
l) Amikor a kiflik a duplájára nőtt, megkenjük a tejjel, és a sütőben 15-20 perc alatt aranybarnára sütjük.

24. Csokis croissant

ÖSSZETEVŐK:

- 1½ csésze vaj vagy margarin, lágyítva
- ¼ csésze univerzális liszt
- ¾ csésze tej
- 2 evőkanál cukor
- 1 teáskanál Só
- ½ csésze nagyon meleg víz
- 2 csomag aktív száraz élesztő
- 3 csésze liszt, szitálatlan
- 12 uncia csokoládé chips
- 1 tojássárgája
- 1 evőkanál Tej

UTASÍTÁS:

a) Egy kanállal simára verjük a vajat, ¼ csésze lisztet. Viaszpapírra kenjük 12x6-os téglalapban. Hűtsük le. Melegítsen fel ¾ csésze tejet; keverjünk hozzá 2 evőkanál cukrot, sót, hogy feloldódjon.

b) Langyosra hűtjük. Meglocsoljuk a vizet élesztővel; keverjük feloldódni. Kanállal simára keverjük a tejes keverékkel és 3 csésze liszttel.

c) Kapcsolja be az enyhén lisztezett cukrászruhát; simára gyúrjuk. Letakarva, meleg helyen, huzatmentesen a duplájára kelesztjük – kb. 1 óra. Hűtőbe tesszük fél órára.

d) Enyhén lisztezett tésztaruhán 14x14-es téglalappá tekerjük.

e) Helyezze a vajas keveréket a tészta felére; távolítsa el a papírt. Hajtsa a másik felét vajra; csípje össze az éleket a lezáráshoz. Jobb oldali hajtással, középről 20x8-ra tekerjük.

f) A rövid oldalról a tésztát három részre hajtjuk, 3 réteget készítve; tömítés szélei; fóliába csomagolva hűtjük 1 órát. Bal oldali hajtogatással 20x8-ra tekerjük; hajtogatni hűtsük le fél órát. Ismétlés.

g) Hűtsük le egy éjszakán át. Másnap tekercs; kétszer hajtsa be; fél órát pihentetjük. Ezután hűtsük tovább 1 órát.

h) Formázás: a tésztát 4 részre vágjuk. Enyhén lisztezett tésztaruhán tekerje mindegyiket 12 hüvelykes körre. Mindegyik kört 6 szeletre vágjuk.

i) Szórja meg a szeleteket csokireszelékkel – ügyeljen arra, hogy körös-körül hagyjon $\frac{1}{2}$ hüvelykes margót, és ne tömje túl a chipseket. Tekerjük fel a széles végétől kezdve. Félhold alakúra formázzuk. Helyezze a hegyével lefelé, egymástól 2 hüvelyk távolságra barna papírra a sütilapra.

j) Borító; meleg helyen, huzatmentesen duplájára kelesztjük, 1 óra.

k) Melegítsük elő a sütőt 425-re. Kenjük meg felvert tojássárgájával, keverjük hozzá az 1 evőkanál tejet. Süssük 5 percig, majd csökkentsük a sütőt 375-re; süssük még 10 percig, vagy amíg a croissant felfuvalkodott és megpirul.

l) Rácson hűtsük 10 percig.

25. Banán eclair croissant

ÖSSZETEVŐK:
- 4 fagyasztott croissant
- 2 négyzet félédes csokoládé
- 1 evőkanál vaj
- $\frac{1}{4}$ csésze szitált cukrászcukor
- 1 teáskanál forró víz; 2-ig
- 1 csésze vanília puding
- 2 közepes banán; szeletelt

UTASÍTÁS:

a) A fagyasztott croissant-t hosszában félbevágjuk; együtt távozni. Melegítse fel a fagyasztott croissant-t zsír nélküli sütőlapon, előmelegített 325 °F-on. sütő 9-11 perc.
b) A csokoládét és a vajat összeolvasztjuk. Keverjük hozzá a cukrot és a vizet, hogy kenhető mázt kapjunk.
c) Kenjen meg $\frac{1}{4}$ csésze pudingot minden croissant alsó felére. A tetejére szeletelt banánt teszünk.
d) Cserélje ki a croissant tetejét; csokimázra csorgatjuk.
e) Szolgál.

26. Étcsokoládé maláta Croissant kenyérpuding

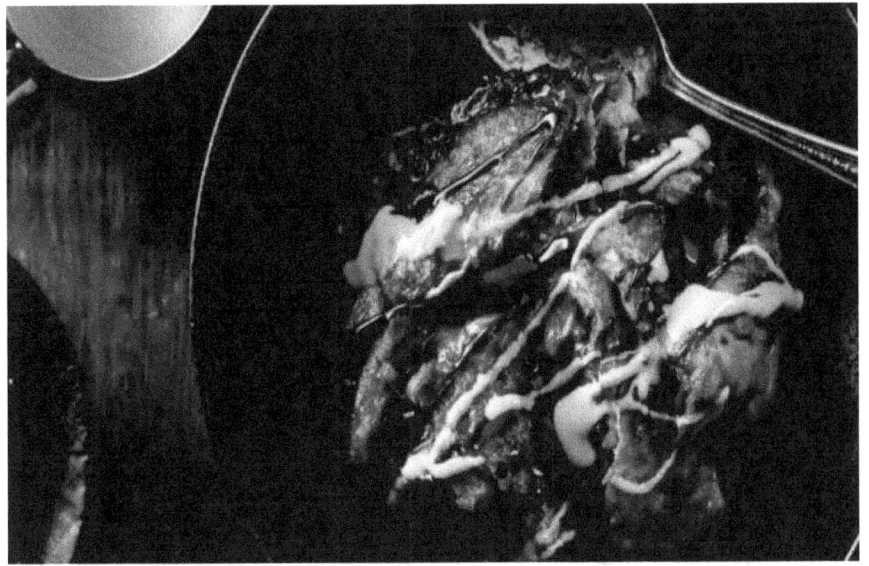

ÖSSZETEVŐK:

- 6 nagy croissant, lehetőleg napos
- 3 csésze teljes tej
- 1 csésze nehéz tejszín
- 1/2 csésze kristálycukor
- 4 nagy tojás
- 2 teáskanál vanília kivonat
- 1/4 teáskanál só
- 1/2 csésze étcsokoládé chips
- 1/4 csésze maláta tejpor
- Tejszínhab, tálaláshoz (elhagyható)

UTASÍTÁS:

a) Melegítse elő a sütőt 350 °F-ra. Vajazz ki egy 9x13 hüvelykes sütőedényt.
b) A croissant-t falatnyi darabokra vágjuk, és az előkészített tepsibe tesszük.
c) Egy nagy tálban keverjük jól össze a tejet, a tejszínt, a cukrot, a tojásokat, a vaníliakivonatot, a sót és a maláta tejport.
d) Öntsük a keveréket a croissant-ra, ügyelve arra, hogy a folyadék egyenletesen eloszlassa.
e) A kenyérpuding tetejére szórjuk az étcsokoládédarabkákat.
f) Fedjük le a tepsit alufóliával és süssük 35 percig.
g) Távolítsa el a fóliát, és folytassa a sütést további 15-20 percig, vagy amíg a kenyérpuding megszilárdul és a teteje aranybarna nem lesz.
h) Tálalás előtt hagyja hűlni néhány percig a kenyérpudingot. Ízlés szerint tejszínhabbal megkenjük.

27. Csokoládé mandula Croissant Éclairs

ÖSSZETEVŐK:
A PÂTE À CHOUX SZÁMÁRA:
- 1/2 csésze víz
- 1/2 csésze teljes tej
- 1/2 csésze sótlan vaj, kockára vágva
- 1/2 teáskanál só
- 1 teáskanál cukor
- 1 csésze univerzális liszt
- 4 nagy tojás, szobahőmérsékletű

A csokoládé mandula töltelékhez:
- 1 csésze nehéz tejszín
- 1 csésze félédes csokireszelék
- 1/2 csésze mandulavaj

A csokoládémázhoz:
- 1/2 csésze félédes csokoládé chips
- 2 evőkanál sótlan vaj
- 1 evőkanál kukoricaszirup

UTASÍTÁS:

a) Melegítse elő a sütőt 375 °F-ra. Egy tepsit kibélelünk sütőpapírral.

b) Egy közepes lábosban keverjük össze a vizet, a tejet, a vajat, a sót és a cukrot. Közepes lángon addig melegítjük, amíg a vaj el nem olvad, és a keveréket felforraljuk.

c) Egyszerre adjuk hozzá a lisztet, és egy fakanállal erőteljesen keverjük addig, amíg a keverék golyót nem kap, és elválik a serpenyő falától.

d) Vegyük le a serpenyőt a tűzről, és hagyjuk hűlni 5 percig.

e) Egyenként adjuk hozzá a tojásokat, minden hozzáadás után alaposan verjük fel, amíg sima és fényes nem lesz.

f) Helyezzen be egy nagy kerek hegyű cukrászzacskót, és töltse meg a choux tésztával.

g) Helyezze a tésztát az előkészített tepsire, 6 hüvelyk hosszú eclaireket formázva.

h) Süssük 25-30 percig, vagy amíg aranybarna és puffadt nem lesz.

i) A sütőből kivéve hagyjuk teljesen kihűlni.

j) Egy közepes serpenyőben forraljuk fel a kemény tejszínt, amíg csak forr.

k) Levesszük a tűzről, és hozzáadjuk a csokireszeléket és a mandulavajat. Addig keverjük, amíg a csokoládé el nem olvad és a keverék sima lesz.

l) Vágjon egy kis rést minden éclair aljába, és kösse be a tölteléket a közepébe.

m) Egy kis serpenyőben olvasszuk fel a csokireszeléket, a vajat és a kukoricaszirupot alacsony lángon, folyamatos keverés mellett, amíg simára nem megy.

n) Minden éclair tetejét mártsuk a csokimázba, és tegyük rácsra dermedni.

o) Opcionális: megszórjuk szeletelt mandulával.

28. Csokoládé borítású Epres croissant

ÖSSZETEVŐK:

- 6 croissant
- 1/2 csésze eper lekvár
- 1/2 csésze félédes csokoládé chips
- 1 evőkanál sótlan vaj
- 1/4 csésze nehéz tejszín
- Friss eper, szeletelve (opcionális)

UTASÍTÁS:

a) Melegítse elő a sütőt 375 °F-ra.

b) Mindegyik croissant-t hosszában félbevágjuk.

c) Minden kifli alsó felét megkenjük 1-2 evőkanál eperlekvárral.

d) Helyezze vissza minden croissant felső felét, és helyezze őket egy sütőlapra.

e) Süssük 10-12 percig, vagy amíg a croissant enyhén aranybarna nem lesz.

f) Egy kis serpenyőben olvasszuk fel a csokoládédarabkákat, a vajat és a tejszínt alacsony lángon, folyamatos keverés közben, amíg sima nem lesz.

g) Vegyük ki a kifliket a sütőből, és hagyjuk hűlni néhány percig.

h) Minden croissant tetejét mártsuk a csokis keverékbe, hagyjuk, hogy a felesleg lecsepegjen.

i) A csokoládéval bevont kifliket rácsra tesszük kihűlni és megdermedni.

j) Választható: Tálalás előtt friss eperszeletekkel megkenjük.

FŐÉTEL

29. Suprêmes De Volaille a Blanc

ÖSSZETEVŐK:
A CSIRKEMELLEK FŐZÉSE
- 4 legfelsőbb
- ½ teáskanál citromlé
- ¼ teáskanál só
- Nagy csipet fehér bors
- 4 ek vaj
- Nehéz, fedett lángálló rakott, körülbelül 10 hüvelyk átmérőjű
- Egy kerek viaszos papír, amely a rakotthoz illeszkedik
- Forró tálalótál

BOR- ÉS KRÉMSZÓZS, ÉS SZOLGÁLAT
- ¼ csésze fehér vagy barna alaplé vagy konzerv marhahúsleves
- ¼ csésze portói, Madeira vagy száraz fehér vermut
- 1 csésze kemény tejszín Só, fehér bors és citromlé
- 2 ek friss darált petrezselyem

UTASÍTÁS:
a) A sütőt előmelegítjük 400 fokra.
b) Dörzsölje be a suprêmet csepp citromlével, és enyhén szórja meg sóval és borssal. A vajat a serpenyőben habzásig hevítjük. Gyorsan forgassuk meg a suprêmet a vajban, tegyünk rá papírt, fedjük le a tepsit és tegyük forró sütőbe.
c) 6 perc elteltével nyomja meg az ujjával a suprêmes tetejét; ha még puha és tökös, tedd vissza a sütőbe még egy-két percre.
d) Akkor készülnek el, amikor enyhén ruganyosnak és rugalmasnak érzik magukat; ne süsd túl őket. Távolítsa el a suprêmes-t egy forró tálba; fedjük le és tartsuk melegen, amíg elkészítjük a szószt, ami 2-3 percig tart.

e) Az alaplevet vagy a húslevest és a bort a főzővajjal együtt öntsük a rakott serpenyőbe, és forraljuk fel gyorsan magas lángon, amíg a folyadék szirupos nem lesz. Ezután felöntjük a tejszínnel, és gyorsan forraljuk, amíg kissé besűrűsödik.
f) Óvatosan fűszerezzük sóval, borssal és egy csepp citromlével.
g) Öntsük a szószt a suprêmes-re, szórjuk meg petrezselyemmel, és azonnal tálaljuk.

30. Rizottó

ÖSSZETEVŐK:

⅓ csésze finomra vágott hagyma
2 ek vaj
Nehéz, 6 csészés serpenyő vagy lángálló serpenyő
1 csésze mosatlan nyers fehér rizs
2 csésze csirkehúsleves vagy húsleves, forrásig melegítve
Só, bors
Egy kis fűszernövény csokor: 2 petrezselyem ág, ⅓ babérlevél és ⅛ teáskanál kakukkfű mosott sajtruhába kötve

UTASÍTÁS:

A hagymát a vajban néhány perc alatt puhára és áttetszőre pároljuk. Adjuk hozzá a rizst, és mérsékelt lángon keverjük 3-4 percig, amíg a rizsszemek, amelyek először áttetszővé válnak, tejfehér színűvé nem válnak. Ez a lépés megfőzi a lisztes rizsbevonatot, és megakadályozza, hogy a szemek összetapadjanak. Ezután hozzákeverjük a csirkehúslevet, enyhén sózzuk, borsozzuk, majd hozzáadjuk a fűszernövénycsokrot. Rövid ideig keverjük, amíg el nem pároljuk, majd szorosan lefedjük, és tűzhelyen vagy 350 fokra előmelegített sütőben közepes lángon sütjük. A hőt úgy szabályozzuk, hogy a rizs körülbelül 18 perc alatt magába szívja a folyadékot, de a rizs a főzés során egyáltalán ne keverjük. Ha elkészült, villával enyhén feldörzsöljük, ha szükséges még sózzuk és borsozzuk. (A rizottót előre megfőzhetjük és félretesszük, fedő nélkül; felmelegítéshez tegyük egy serpenyőben forrásban lévő vízbe, fedjük le a rizst, és időnként villával puhítsuk meg, amíg a rizs felforrósodik. Ne főzzük túl.)

31. Haricots Verts Au Maître d'Hôtel

ÖSSZETEVŐK:

ELŐZETES FŐZÉS VAGY BLANCÍRÁS
3 font. friss zöldbab
Egy nagy vízforraló, amely 7-8 liter gyorsan forrásban lévő vizet tartalmaz
3½ ek só
SZOLGÁLÓ
Nehéz, 8-10 hüvelykes zománcozott vagy tapadásmentes serpenyő vagy serpenyő
Só, bors
3-4 ek vaj
1 tk citromlé
2-3 ek darált friss petrezselyem

UTASÍTÁS:

Pattintsa le a babról a végeit. Közvetlenül főzés előtt gyorsan mossa le forró víz alatt. Dobja a babot a vízforralóba, sózzuk meg, és gyorsan forraljuk vissza. Fedő nélkül forraljuk 8 percig, majd teszteljük a babot elfogyasztásával. A bab akkor kész, amikor puha, de még mindig megőrzi a ropogósságát. Amint elkészültek, tegyen egy szűrőedényt a vízforraló fölé, és engedje le a vizet a babról. Ezután futtasson néhány percig hideg vizet a vízforralóba, hogy lehűtse a babot, és beállítsa a színét és állagát. Csatorna. Tegye félre felhasználásig.

Tálaláskor dobja a babot a serpenyőbe vagy serpenyőbe közepesen magas lángon, hogy az összes nedvesség elpárologjon. Ezután sóval, borssal és a vajjal jól felforrósítjuk – körülbelül 2 percig. Ismét felöntjük egy teáskanál citromlével és a darált petrezselyemmel. Azonnal tálaljuk.

32. Terrine De Porc, Veau, Et Jambon

ÖSSZETEVŐK:
AZ ALAP PÂTÉ KEVERÉK
½ csésze finomra vágott hagyma
2 ek vaj
Egy kis serpenyő
3 literes keverőtál
½ csésze száraz portói vagy Madeira, vagy konyak
¾ lb. (1½ csésze) finomra őrölt sovány sertéshús
¾ lb. (1½ csésze) finomra őrölt sovány borjúhús
½ lb. (1 csésze) őrölt friss sertészsír (lásd a megjegyzéseket a recept elején)
2 enyhén felvert tojás
½ teáskanál só
½ teáskanál bors
½ teáskanál kakukkfű
Nagy csipet szegfűbors
Egy kis gerezd zúzott fokhagyma
A BORJÚCSÍK
½ lb. sovány borjúhús gömbölyűből vagy bélszínből, ¼ hüvelykes csíkokra vágva
Egy tál
3 ek konyak
Só, bors
Csípje meg a kakukkfüvet és a szegfűborsot
1 ek finomra aprított medvehagyma vagy mogyoróhagyma
Választható: 1 vagy több konzerv szarvasgomba ¼ hüvelykes kockákra vágva és lé a dobozból
A PSTÉTÉ FORMÁZÁSA
2 literes tepsi vagy tepsi (lásd a megjegyzéseket a recept elején)
Elegendő sertészsír lapok vagy csíkok a pástétomhoz (lásd a megjegyzéseket a recept elején)

4 csésze az alappástétom keverékből
½ lb. sovány főtt sonka ¼ hüvelyk vastag csíkokra vágva
1 babérlevél
Alufólia
Nehéz fedél sütőedényhez vagy tepsihez
Egy serpenyő egy tepsi sütőben tartására

UTASÍTÁS:

A hagymát lassan a vajban puhára és áttetszőre főzzük; majd kaparjuk őket a keverőedénybe. Öntsük a bort a serpenyőbe, és forraljuk, amíg felére csökken; adjuk hozzá a hagymához a keverőtálban.

A darált húst, a zsírt, a tojást és az ízesítőket erőteljesen a hagymához keverjük, amíg minden alaposan össze nem keveredik, és az állaga megpuhul és megvilágosodik – 2-3 percig. Pároljunk egy kis kanállal, amíg meg nem főzik; kóstoljuk meg, és ha szükséges, fűszerezzük.

A további hozzávalók elkészítése közben pácolja be a borjúhúst egy tálban a konyakkal és egyéb fűszerekkel, beleértve az opcionális szarvasgombát és a konzervből készült levét. Használat előtt csepegtesse le a borjúhúst és a szarvasgombát; tartalékoljuk a pácot.

(A következő lépéshez melegítse elő a sütőt 350 fokra.)

Bélelje ki az edény alját és oldalát sertészsír csíkokkal, erősen nyomja a helyére. Az alappástétomba keverjük a borjúpácot, és az edény aljára kenjük a harmadát. Fedjük be a pácolt borjúcsíkok felével, felváltva a sonkacsíkok felével. Ha szarvasgombát használ, helyezze őket egy sorban középre. Befedjük a maradék pástétom keverék felével, a többi borjú- és sonkacsíkkal, még több szarvasgombával, végül a pástétom keverék utolsó részével. Fektesse a babérlevelet a tetejére; fedjük le sertészsír lappal vagy csíkokkal. Zárja be az edény tetejét alufóliával, és tegye rá a fedőt (ha a fedél laza vagy vékony, helyezzen rá súlyt).

A PÉTÉ SÜTÉSE

Tegyünk egy edényt egy kicsit nagyobb serpenyőbe, és öntsünk fel annyi vizet, hogy az út kétharmadáig érjen. Tedd az előmelegített, 350 fokra előmelegített sütő alsó harmadába, és süsd kb.

HŰTÉS, HŰTÉS ÉS SZOLGÁLAT

Ha kész, vedd ki a vízből az edényt és tedd egy tányérra. Vegyük le a fedőt, és a fóliatakaró tetejére tegyünk egy fadarabot, egy serpenyőt vagy egy edényt, amely éppen belefér a tepsibe. Helyezzen rá vagy bele egy 3-4 kilós súlyt vagy egy húsdaráló részeit; ez összecsomagolja a pástétomot, így később nem lesz légterek. Hűtsük szobahőmérsékleten néhány órán át, majd tegyük hűtőszekrénybe, még mindig lesúlyozva, 6-8 órára vagy egy éjszakára.

Közvetlenül az asztalnál lévő tepsiből vágjunk tálalószeleteket, vagy formázzuk ki a pástétomot, hámozzuk le a sertészsírt, és aszpikban díszítve tálaljuk. (Megjegyzés: Ha 2 vagy 3 napnál tovább tárolja a hűtőszekrényben, formálja ki a kihűlt pástétomot, és kaparja le az összes húszselét a felületéről, mert a zselé az, ami először megromlik. Törölje szárazra a pástétomot, és tegye vissza a tepsibe vagy csomagolja be viaszos papírban vagy műanyag fóliában.)

33. Épinards Au Jus; Épinards a La Crème

ÖSSZETEVŐK:
ELŐZETES FŐZÉS VAGY BLANCÍRÁS
3 font. friss spenót
Egy nagy vízforraló, amely 7-8 liter gyorsan forrásban lévő vizet tartalmaz
3½ ek só
Rozsdamentes acél aprítókés
SZOLGÁLÓ
2 ek vaj
Nehéz fenekű, 8 hüvelykes zománcozott serpenyő vagy serpenyő
1½ ek szitált liszt
1 csésze marhahúsleves, konzerv marhahúsleves vagy kemény tejszín
Só, bors
1-2 ek lágy vaj

UTASÍTÁS:
Vágja le és mossa meg a spenótot. Egy-egy marékkal csepegtessük a forrásban lévő vízbe, sózzuk, és lassan, fedő nélkül forraljuk 2-3 percig, vagy amíg a spenót megpuhul. Lecsepegtetjük, hideg vizet öntsünk egy-két percre egy vízforralóba, majd ismét csepegtessük le. Marokszámmal nyomjunk ki annyi vizet a spenótból, amennyit csak tudunk. Szelet. Tegye félre felhasználásig. (Körülbelül 3 csésze lesz belőle.)
Olvasszuk fel a vajat a serpenyőben. Amikor buborékosodik, adjuk hozzá az apróra vágott spenótot, és közepes lángon keverjük 2-3 percig, hogy a nedvesség elpárologjon. Amikor a spenót éppen elkezd tapadni a serpenyő aljához, mérsékeljük a lángot, és keverjük hozzá a lisztet. 2 percig kevergetve főzzük. Vegyük le a tűzről, és keverjük hozzá az

alaplevet, a húslevest vagy a tejszínt. Enyhén fűszerezzük, forraljuk fel, fedjük le, és nagyon lassan főzzük 10-15 percig. Gyakran keverje meg, nehogy megégjen. Megfelelő fűszerezés, lágy vajba keverjük, és tálaljuk.

34. Carottes Étuvées Au Beurre / Vajban párolt sárgarépa

ÖSSZETEVŐK:

5-6 csésze hámozott és szeletelt vagy negyedekre vágott sárgarépa (körülbelül 1½ font)
Egy vastag fenekű, 2 literes zománcozott fazék
1 ek kristálycukor
1¼ csésze víz
1½ ek vaj
½ teáskanál só
Csipet bors
2 ek friss darált petrezselyem
1-2 ek további vaj

UTASÍTÁS:

Helyezze a sárgarépát a serpenyőbe a cukorral, vízzel, vajjal, sóval és borssal. Fedjük le, és lassan forraljuk körülbelül 30 percig, vagy amíg a sárgarépa megpuhul, és a folyadék elpárolog. Helyes fűszerezés. Közvetlenül tálalás előtt melegítse fel petrezselyemmel és további vajjal.

35. Champignons Farcis / Töltött gomba

ÖSSZETEVŐK:

12 nagy gomba
2-3 ek olvasztott vaj
Egy sekély tepsi
Só, bors
2 ek darált mogyoróhagyma vagy mogyoróhagyma
2 ek vaj
$\frac{1}{2}$ Tb liszt
$\frac{1}{2}$ csésze nehéz tejszín
3 ek friss darált petrezselyem
További só és bors
$\frac{1}{4}$ csésze reszelt svájci sajt
1-2 ek olvasztott vaj

UTASÍTÁS:

Távolítsa el a gomba szárát és tartsa le. A kupakokat megmossuk, megszárítjuk, megkenjük olvasztott vajjal, és üreges oldalukkal felfelé elrendezzük a tepsiben. Enyhén sózzuk, borsozzuk.

Mossa meg és szárítsa meg a szárakat, majd ledarálja. Marokszámra csavarja a törülköző sarkát, hogy a lehető legtöbb levet kinyomja. Pároljuk a mogyoróhagymával vagy mogyoróhagymával a vajban 4-5 percig, amíg a darabok el nem kezdenek elválni. Csökkentse a lángot, adjon hozzá lisztet, és keverje 1 percig. Keverjük hozzá a tejszínt, és pároljuk egy-két percig, amíg besűrűsödik. Keverjük hozzá a petrezselymet és a fűszereket. Töltse meg a gomba sapkáját ezzel a keverékkel; mindegyik tetejére tegyünk 1 teáskanál sajtot, és csepegtessünk rá egy csepp olvasztott vajat. Tegye félre a főzés befejezéséig.

Tálalás előtt körülbelül tizenöt perccel süssük az előmelegített 375 fokos sütő felső harmadában, amíg a kupak megpuhul, és a töltelék enyhén megpirul a tetején.

36. Escalopes De Veau Sautées a l'Estragonban

ÖSSZETEVŐK:

4 vagy több borjúkagyló
$1\frac{1}{2}$ ek vaj
$\frac{1}{2}$ ek étolaj
10 hüvelykes zománcozott vagy tapadásmentes serpenyő
SZÓSZ ÉS TÁLAG
1 ek darált mogyoróhagyma vagy mogyoróhagyma
Opcionális: $\frac{1}{4}$ csésze Sercial Madeira vagy száraz fehér vermut
$\frac{1}{2}$ ek szárított tárkonylevél
1 csésze barna alaplé vagy konzerv marhahúsleves; vagy $\frac{1}{4}$ csésze alaplé és 1 csésze tejszín
Opcionális: 1 csésze gomba, előzőleg vajban kb. 5 percig pirítva
$\frac{1}{2}$ TB kukoricakeményítő 1 tb vízzel péppé keverve
Só, bors
1 ek puha vaj
Forró tálalótál
Petrezselyem gallyak

UTASÍTÁS:

Alaposan szárítsa meg a kagylót papírtörlőn. A serpenyőben nagy lángon felhevítjük a vajat és az olajat. Amikor a vajhab már majdnem leállt, de nem barnul, adjunk hozzá kagylót. Ne tömd össze őket; ha szükséges, egyenként főzzük őket. Az egyik oldalon kb. 4 percig pirítjuk, szabályozva a hőt, hogy a zsír mindig nagyon forró legyen, de ne barnuljon; majd fordítsd meg és pirítsd meg a húst a másik oldalon. A tengeri herkentyűket akkor készítik el, ha már éppen ellenállnak az ujjak nyomásának, a leve pedig tiszta sárgára fut, amikor a húst megszúrják. Távolítsa el a tengeri

herkentyűket egy köretre, és készítse el a szószt az alábbiak szerint:
Öntsön egy evőkanál zsír kivételével a serpenyőből. Adjunk hozzá medvehagymát vagy mogyoróhagymát, és mérsékelt lángon keverjük fél percig. Ezután hozzáadjuk az opcionális bort, a tárkonyt és az alaplevet vagy a húslevest. Fakanállal felkaparjuk az összes megalvadt levet, és egy percig pároljuk. (Ha tejszínt használ, adja hozzá most.) Gyorsan forralja fel, hogy a folyadék körülbelül ⅔ csészére csökkenjen. Levesszük a tűzről, belekeverjük a kukoricakeményítős keveréket és az opcionális gombát. Pároljuk, kevergetve 2 percig. A tengeri herkentyűket enyhén sózzuk és borsozzuk, visszatesszük a serpenyőbe, és meglocsoljuk a szósszal. Helyes fűszerezés. Tálalás előtt néhány percig fedő nélkül félretesszük.

Közvetlenül tálalás előtt melegítsük fel lassú tűzön, és a tengeri herkentyűket öntsük mártással egy-két percig, amíg át nem melegszik. Vegyük le a tűzről, tegyük a tengeri herkentyűket egy forró tálra, és adjunk hozzá vajat a mártáshoz. Forgassa a serpenyőt, amíg a vaj fel nem szívódik, majd öntsön szószt a tengeri herkentyűkre. Díszítsük petrezselyemmel, és azonnal tálaljuk.

37. Escalope De Veau Gratinées

ÖSSZETEVŐK:

3 ek vaj
Egy vastag fenekű 2 literes fazék
4 ek liszt
2 csésze forró borjú- vagy csirkealaplé vagy erőleves
Drótkorbács
½ csésze finomra vágott hagyma, előzőleg vajban áttetszővé főzve
1 csésze szeletelt gomba, előzőleg vajban kb. 5 percig párolva
⅓ csésze nehéz tejszín
½ csésze reszelt svájci sajt
Sütő-tálaló edény, 2 hüvelyk mély
Só, bors és citromlé
4-8 előzőleg párolt borjúfésűkagyló vagy szeletelt maradék borjúsült
Opcionális: 4-8 szelet sovány főtt sonka
1 ek lágy vaj

UTASÍTÁS:

A sütőt előmelegítjük 375 fokra. Olvasszuk fel a vajat egy serpenyőben, majd keverjük hozzá a lisztet és főzzük lassan, kevergetve 2 percig barnulás nélkül. Vegyük le a tűzről. Egyszerre felöntjük az összes forró alaplével vagy húslevessel, és dróthabverővel erőteljesen felverjük. 1 percig kevergetve forraljuk. Keverjük hozzá a főtt hagymát, és pároljuk 5 percig. Keverjük hozzá a gombát, és pároljuk még 5 percig. Hígítsuk kanálnyi tejszínnel, de a szósznak elég sűrűnek kell lennie. Megfelelő fűszerezés; adjuk hozzá a sajt kétharmadát. A sütő-tálaló edényt vékonyan kivajazzuk. Az edény aljára kenjünk egy-két kanál szószt. A borjúhúst sózzuk, borsozzuk, és átfedő szeletekre fektetjük egy edénybe, egy kanál szósz és egy szelet tetszőleges sonka közé. Fedjük le a maradék szósszal, szórjuk rá a maradék sajtot, és kenjük meg vajjal. Tálalás előtt tegyük félre vagy tegyük hűtőbe körülbelül fél órára.

A főzés befejezéséhez tegyük az előmelegített, 375 fokra előmelegített sütő felső harmadába, amíg buborékosodik, és a teteje enyhén megpirul. Ne főzzük túl.

38. Foies De Volaille Sautés, Madeire

ÖSSZETEVŐK:

1 font csirkemáj (kb. 2 csésze)
Só, bors
½ csésze liszt egy tányérban
Egy nagy szita
2 ek vaj
1 ek étolaj
Nehéz, 10 hüvelykes zománcozott vagy tapadásmentes serpenyő
Opcionális: 1 csésze kockára vágott főtt sonka, előzőleg vajban megpirítva és/vagy 1 csésze felnegyedelt friss gomba, előzőleg vajban megpirítva
½ csésze marhahúsleves vagy húsleves
⅓ csésze száraz Sercial Madeira
1 ek puha vaj
1 ek friss darált petrezselyem

UTASÍTÁS:

Vedd át a csirkemájat; vágja ki a szálakat és a fekete vagy zöldes foltokat (ezeket az epezsák okozza, amely tisztítás előtt a májon feküdt). Szárítsa meg papírtörlőn. Közvetlenül főzés előtt enyhén megszórjuk sóval, borssal, megforgatjuk lisztben, majd szitán rázzuk, hogy eltávolítsuk a felesleges lisztet.

Olvasszuk fel a vajat és az olajat egy serpenyőben, közepes lángon. Amikor látja, hogy a vajhab kezd apadni, adjuk hozzá a csirkemájat. Dobd gyakran 3-4 percig, amíg a máj enyhén megpirul; akkor készülnek el, amikor csak az ujjad érintésére rugalmasak. Ne főzzük túl. Adjuk hozzá az opcionális párolt sonkát és a gombát, öntsük fel az alaplével és a borral, és pároljuk 1 percig. Kóstolja meg és megfelelő fűszerezéssel. (Ha nem áll készen a tálalásra, tegyük félre későbbre.) Közvetlenül tálalás előtt melegítsük fel, majd vegyük le a tűzről, és dobjuk meg a puha vajjal és a petrezselyemmel.

39. Timbale De Foies De Volaille / Csirkemájpenész

ÖSSZETEVŐK:

A PUHAJOS KEVERÉK

1 font csirkemáj (kb. 2 csésze)
2 tojás (amerikai „nagy" minősítésű)
2 tojássárgája
¼ teáskanál só
⅛ teáskanál bors
1 csésze sűrű fehér szósz (1½ ek vaj, 2 ek liszt és 1 csésze tej)
Opcionális: ⅓ csésze kemény tejszín
2 Tb portói, Madeira vagy konyak

SÜTÉS ÉS SZOLGÁLAT

4 csésze 2¼-3 hüvelyk mély sütőtál vagy 8 fél csésze ramekin vagy pudingpohár
1 ek lágy vaj
Egy serpenyőben forrásban lévő víz egy tepsi vagy ramekin tárolására
2 csésze hollandaise vagy béarnaise; vagy 1 tk paradicsompürével és tárkonnyal vagy petrezselyemmel ízesített tejszínes szósz (lásd ezt az oldalt)

UTASÍTÁS:

Vágja ki a csirkemájat, vágja ki a szálakat és a fekete vagy zöldes foltokat. Helyezze őket egy elektromos turmixgép tégelyébe a tojásokkal, a tojássárgájával, sóval és borssal, és turmixolja 1 percig. Hozzáadjuk a fehérszószt és a bort vagy a konyakot, még 15 másodpercig turmixoljuk, majd szitán átszűrjük egy tálba. (Vagy pürésítse a csirkemájat malomban vagy húsdarálón keresztül egy tálba, keverje hozzá a többi hozzávalót, és nyomja át egy szitán.)
Melegítsük elő a sütőt 350 fokra.

Kenjünk meg egy vékony vajfilmet egy tepsibe vagy egy tepsibe, és töltsük meg a tetejétől számított ½ hüvelykig a májkeverékkel. Ha készen áll a sütésre, tegyük forrásban lévő vízbe, majd tegyük az előmelegített sütő középső szintjére. Szabályozzuk a vizet a serpenyőben, hogy majdnem forrjon, de nem egészen. A dobolás akkor történik meg, ha nagyon halvány zsugorodási vonalat mutat az edényből, és amikor a közepébe szúrt kés tisztán jön ki. Körülbelül 30 percig hagyja a sütőben a sütőedényben elkészített timbale-t; kb 20, ha ramekint használsz. (Ha nem tálaljuk azonnal, hagyjuk vízes serpenyőben kikapcsolt sütőben, résnyire nyitva – vagy melegítsük fel, ha szükséges.)

A sütőedényben készült ütőformák formázásához hagyja 5 percig ülepedni, ha éppen most fejezte be a sütést, majd futtasson egy kést a sütőlap szélén. Az enyhén kivajazott forró tálalóedényt fordítsa fejjel lefelé a forma fölé, majd fordítsa meg a kettőt, és egy éles lefelé rándulást ad, és a hangdob a helyére kerül. A ramekin formázáshoz húzzon egy kést mindegyik szélén, és formálja ki a főzőlapokra vagy egy tányérra, és a végén éles rántást adjon lefelé.

Öntsük a szószt a timbale vagy a ramekinek köré, és azonnal tálaljuk, a szósz többi részét egy felmelegített tálba öntjük. A Timbales a legjobb külön fogásként, forró francia kenyérrel és hűtött fehér Burgundy-val, Graves-szel vagy Traminer-rel.

40. Canard a l'Orange / Kacsasült narancsszósszal

ÖSSZETEVŐK:
TÁROLÁS A SZÓZSHOZ
- Kacsa szárnyvégek, nyak, belsőségek
- 2 ek étolaj
- 1 közepes sárgarépa, szeletelve
- 1 közepes hagyma, szeletelve
- 1 csésze marhahúsleves
- 2 csésze víz
- 4 petrezselyem ág, 1 babérlevél és ¼ teáskanál zsálya

A NANCABÉR
- 4 élénk színű narancs, köldök vagy Valencia, ha lehetséges
- 1 liter víz

A KACSASÜTÉS
- Sütési idő: 1 óra 30-40 perc.
- Egy 5 font főzésre kész kiskacsa
- ½ teáskanál só
- ⅛ teáskanál bors
- ⅓ az elkészített narancshéjból
- Sekély, rácsos sütőserpenyő, éppen elég nagy ahhoz, hogy a kacsa könnyen elférjen

FOLYTATVA A SZÓZSSZAL; A NARANCS SZEGMENSEK
- 3 ek kristálycukor
- ¼ csésze vörösbor ecet
- A 2 csésze kacsaleves
- 2 Tb arrowroot keverve 2 Tb porttal
- A többi narancshéj és a narancs

VÉGLEGES ÖSSZESZERELÉS ÉS KISZOLGÁLÁS
- ½ csésze száraz port
- Az elkészített szósz alap
- 2-3 ek narancslikőr
- Csepp narancskeserű vagy citromlé

- 2-3 ek lágy vaj

UTASÍTÁS:
a) Vágja fel a kacsa szárnyvégeit, a nyakát és a belsőségeket 1 hüvelykes darabokra. Serpenyőben, forró étolajon megpirítjuk a felszeletelt sárgarépával és hagymával. Tegyük át egy vastag serpenyőbe, adjunk hozzá húslevest és annyi vizet, hogy 1 hüvelyknyire ellepje. Forraljuk fel, távolítsuk el a habot, majd adjuk hozzá a fűszernövényeket, és pároljuk 2-2 és fél órán át. Szűrjük le, távolítsuk el az összes zsírt, és forraljuk fel, amíg 2 csésze folyadék nem lesz. Ha kihűlt, fedjük le és tegyük hűtőbe, amíg szükséges.

b) Zöldséghámozóval csak a narancs héját távolítsuk el csíkokban. Vágja finom julienne-re (kis csíkok legfeljebb 1/16 hüvelyk szélesek és 1,5 hüvelyk hosszúak). Pároljuk 15 percig 1 liter vízben, hogy eltávolítsuk a keserűséget; majd leszűrjük, hideg vízben leöblítjük, és papírtörlőben szárítjuk. A héj egy része a szószba kerül; rész, a kacsa belsejében. Csomagolja be viaszos papírba, és hűtse le, ha nem áll készen a használatra. Csomagoljuk be és tegyük hűtőbe a részben meghámozott narancsot későbbre.

c) Készítsük el a kacsát a recept elején leírtak szerint; alaposan szárítsuk meg, ízesítsük az üreget sóval, borssal, és adjuk hozzá a narancshéjat. A szárnyakat és a lábakat rögzítse a testhez, és zárja be az üreget. A pontos időzítés érdekében a kacsának szobahőmérsékleten kell lennie.

d) Ha forgó nyárson sütjük a kacsát, használjunk közepesen magas hőt. Sütőben való sütéshez melegítse elő 450 fokra, és tegye a kacsamellet a sütőrácsra; 15 perc elteltével kapcsoljuk vissza a sütőt 350 fokra, majd 15 percenként fordítsuk át a kacsát egyik oldaláról a másikra, az utolsó 15 percben pedig a hátára. Fásítás nem szükséges.

e) Ha meg szeretné tudni, hogy a kacsa elkészült, villával mélyen megszurkáljuk a comb legvastagabb részét: a levének gyengén rózsásan kell folynia, hogy kitisztuljon; amikor a kacsát lecsepegtetik, a szellőzőnyílás utolsó cseppjei halvány rózsástól tiszta sárgáig folynak.

f) Keverjük össze a cukrot és az ecetet egy kis serpenyőben, forgassuk a tűzön, hogy a cukor teljesen felolvadjon, majd forraljuk gyorsan, amíg a keverék karamellbarna nem lesz. Vegyük le a tűzről, és verjük bele a kacsaleves felét; kevergetve pároljuk, hogy a karamell feloldódjon. Vegyük le a tűzről, öntsük hozzá a többi kacsalevet, és keverjük hozzá a nyílgyökér keveréket. Adjuk hozzá a narancshéjat, és pároljuk 3-4 percig; gondosan helyesen fűszerezze. A szósz kissé besűrűsödik és átlátszó lesz.

g) Nem sokkal tálalás előtt vágja le a narancs fehér részét, majd vágja le a narancsot tiszta, bőr nélküli szeletekre – ha túlságosan előre csinálja, a szeletek nem lesznek frissek. Tálalásig letakarva hűtsük le.

h) Amikor a kacsa elkészült, tegyük a tálalótálra, és dobjuk el a rácsos zsinórokat; tálalásig tartsa melegen a kikapcsolt sütőben. A serpenyőből kikanalazzuk a zsírt, beleöntjük a portói bort, és fakanállal felkaparjuk az összes alvadt pörkölt levet. Öntsük a keveréket a szószba, és forraljuk lassú tűzön narancslikőr hozzáadásával. Óvatosan kóstolja meg; adjunk hozzá egy csepp keserűt vagy citromlevet, ha a szósz túl édesnek tűnik. Közvetlenül tálalás előtt vegyük le a tűzről, és forgassuk bele a vajat, egy-egy evőkanálnyit.

i) Díszítsd a kacsamellet narancssárga szeletekkel, és halmozd fel a maradék szeleteket a tál mindkét végén; kanalazunk egy kis szószt, és hámozzuk meg a kacsát, öntsük a maradékot egy meleg bográcsba, és tálaljuk.

41. Canard a La Montmorency

ÖSSZETEVŐK:

1 ek citromlé
3 Tb portói vagy konyak
Ízlés szerint cukor (2-3 ek)
4 csésze borízű húszselé egy serpenyőben
12 hüvelykes tálalótál
Egy 4½ font. sült kacsa, lehűtve és tálaló darabokra vágva

UTASÍTÁS:

Dobd egy tálba a meggyet citromlével, portóival vagy konyakkal és cukorral. Hagyja őket macerálni (meredekedni) 20-30 percig. Ezután adjuk hozzá a meggyet és a macerációs levét a húszseléhez. Ha friss cseresznyét használ, melegítse lassú tűzön 3-4 percig, hogy finoman, szétrobbanás nélkül süljön el; csak a meggykonzervnél melegítse 1 percig. Lecsepegtetjük és lehűtjük.

Öntsön egy ⅛ hüvelykes réteg meleg zselét egy tálba, és hűtse 15-20 percig, amíg meg nem áll. Hámozza le a faragott kacsa bőrét, és rendezze el a kacsadarabokat vonzó dizájnban a hűtött zselérétegen a tálon. Kanalazz egy réteg hideg szirupos zselét a kacsára (az első réteg nem tapad meg túl jól), hűtse le 10 percig, és ismételje meg egymást követő rétegekkel, amíg 1/16 hüvelykes bevonatot nem kap.

A lehűtött cseresznyét mártsuk egy kis szirupos zselébe, tegyük rá a kacsára, és ismét hűtsük le, amíg megszilárdul. A kacsára és a cseresznyére kanalazzon egy-két utolsó réteg zselét. A maradék zselét öntsük egy tányérba, hűtsük le, aprítsuk fel, és kanalazzuk körbe a kacsát. Ha van extra zseléd, akkor érdemes lehet több dekorációt is készíteni zselé kivágásokkal. Hűtőbe tesszük a kacsát a tálalásig – egy nappal korábban elkészíthetjük az ételt.

42. Homard a l'Américaine

ÖSSZETEVŐK:
A HOMÁR SZÁRÍTÁSA
Három 1½ font. élő homárok
3 ek olívaolaj
Egy nehéz, 12 hüvelykes zománcozott serpenyő vagy rakott serpenyő

Borban és ízesítőkben pároljuk
1 közepes sárgarépa, apróra vágva
1 közepes hagyma, apróra vágva
Só, bors
3 ek darált mogyoróhagyma vagy mogyoróhagyma
1 gerezd zúzott fokhagyma
⅓ csésze konyak
1 font paradicsom, meghámozva, kimagozva, levet vágva és apróra vágva; vagy ⅓ csésze sima paradicsomszósz
2 ek paradicsompüré, vagy több paradicsomszósz, ha szükséges
1 csésze halalaplé vagy ⅓ csésze kagylólé
1 csésze száraz fehér vermut
½ csésze marhahúsleves vagy húsleves
2 ek darált petrezselyem
1 tk szárított tárkony, vagy 1 ek friss tárkony

A HOMÁR KÉSZÍTÉSE
A homár korall és a zöld anyag
6 ek lágy vaj
Egy 2 literes tál fölé állított szita
Egy fakanál

SZOLGÁLÓ
Egy karika párolt rizs vagy rizottó forró, enyhén vajas tálon
2-3 ek darált petrezselyem, vagy petrezselyem és friss tárkony

UTASÍTÁS:

Készítse elő a homárt az előző bekezdésben leírtak szerint.
Hevítsük fel az olajat a serpenyőben, amíg nagyon forró, de nem füstöl. Adjuk hozzá a homárdarabokat, hússal lefelé, és pároljuk néhány percig, forgatva, amíg a héja élénkpiros lesz. Távolítsa el a homárt a körethez.
Melegítsük elő a sütőt 350 fokra.
A serpenyőbe keverjük a kockára vágott sárgarépát és a hagymát, és lassan 5 percig főzzük, amíg majdnem megpuhul. Ízesítsük a homárt sóval és borssal, tegyük vissza a serpenyőbe, és adjuk hozzá a medvehagymát vagy a mogyoróhagymát és a fokhagymát. Egy serpenyőben mérsékelt lángon öntsük bele a konyakot. Fordítsa el az arcát, gyújtsa meg a konyakot egy meggyújtott gyufával, és lassan rázza meg a serpenyőt, amíg a lángok alábbhagynak. Hozzákeverjük a többi hozzávalót, felforraljuk, lefedjük, és vagy a tűzhely tetején, vagy az előmelegített sütő középső szintjén lassan sütjük. Szabályozza a hőt, hogy a homár csendesen pároljon 20 percig.
Amíg a homár párol, erőltesse át a homárkorallt és a zöld anyagot a vajjal együtt a szitán és a tálba. Félretesz, mellőz. Ha elkészült a homár, tegyük köretre. (Ha kell, vegye ki a húst a héjból.) Tegye a serpenyőt a főzőfolyadékkal magas lángra, és forralja gyorsan, amíg a szósz meg nem puhul és kissé besűrűsödik; jobban besűrűsödik, ha később hozzáadjuk a vaj-korall keveréket. Nagyon óvatosan kóstoljuk meg a fűszerezéshez. Tegye vissza a homárt a szószba.
A recept idáig elkészülhet, és később befejezhető.

Forraljuk fel a homárt, amíg jól át nem melegszik. Vegyük le a tűzről. Cseppenként keverjünk egy fél csésze forró szószt a korall-vaj keverékhez, majd öntsük vissza a homárra. Rázza fel és forgassa a serpenyőt alacsony lángon 2-3 percig, hogy a korall besűrűsödjön, és besűrűsödjön a szósz, de ne forraljuk lassú tűzön.

Rendezzük el a homárt és a szószt a rizskarikában, díszítsük fűszernövényekkel, és azonnal tálaljuk. Egy erős, száraz fehérbor, például egy burgundi vagy Côtes du Rhône lenne a legjobb választás.

43. Potee Normande: Pot-Au-Feu

ÖSSZETEVŐK:
A MARHA- ÉS SERTÉSHÚS VAGY BORJÚHÚS
- Egy elég nagy vízforraló ahhoz, hogy a receptben felsorolt összes hozzávaló elférjen benne
- Egy 4 font kicsontozott marha-tokmány fazéksült
- Egy 4 font csont nélküli sertés- vagy borjúlapocka
- 2-2 zeller tarja, sárgarépa, hagyma
- 1 font marha- és borjúcsontok, repedve
- Egy nagy csokor fűszernövény: 8 szál petrezselyem, 6 szem bors, 4 gerezd, 3 gerezd fokhagyma, 2 teáskanál kakukkfű, 2 babérlevél, mindegyik mosott sajtruhába kötve
- 2 ek só

CSIRKE ÉS TÖLTETÉS
- 4 csésze állott fehér kenyérmorzsa
- Egy nagy keverőtál
- $\frac{1}{4}$-$\frac{1}{2}$ csésze erőleves vagy tej
- $\frac{1}{4}$ csésze olvasztott vaj
- $\frac{1}{4}$ csésze kockára vágott főtt sonka
- 3 uncia ($\frac{1}{2}$ csomag) krémsajt
- $\frac{1}{2}$ teáskanál kakukkfű
- 1 tojás
- Az apróra vágott csirkemáj, szív és hámozott zúza, előzőleg vajban megdinsztelve ⅔ csésze darált hagymával
- Só és bors ízlés szerint
- Egy 4 font pörkölt csirke

ZÖLDSÉGKÖRET ÉS KOLBSZ
- Sárgarépa, meghámozva és negyedelve
- Fehérrépa, meghámozva és negyedelve
- Hagyma, meghámozva, a gyökérvégeket áttörve

- Póréhagyma 6-8 hüvelyk hosszúra vágva, zöld része hosszában kettévágva, alaposan megmosva
- Egész lengyel kolbász vagy egyedi olasz kolbász

UTASÍTÁS:

a) A marha- és sertés- vagy borjúhúst biztonságosan meg kell kötni; minden húsdarabhoz rögzítsen egy elég hosszú zsinórt ahhoz, hogy a vízforraló fogantyújához rögzíthesse. Helyezze a marhahúst a vízforralóba; zsinór a fogantyúhoz. Hozzáadjuk a zöldségeket, a csontokat, a fűszernövénycsokrot és a sót, majd 6 centiméternyire leöntjük hideg vízzel. Forraljuk fel, távolítsuk el a habot, és pároljuk 1 órán át. Ezután adjunk hozzá borjú- vagy sertéshúst.

b) A zsemlemorzsát egy tálba tesszük, megnedvesítjük egy kevés erőlevessel vagy tejjel, majd beleütjük a vajat, a sonkát, a sajtot, a kakukkfüvet, a tojást és az aprólékokat, és ízlés szerint sózzuk, borsozzuk. Töltsük meg és rácsosozzuk a csirkét, kössünk rá egy hosszú madzagot, tegyük vízforralóba, és kössük le a zsinór végét a fogantyúhoz. Gyorsan forraljuk vissza a vízforralót, szükség szerint lefölözve.

c) Készítse elő a zöldségeket, és kössön minden csoportot mosott sajtruhába; 1½ órával a becsült párolási idő vége előtt adjuk hozzá a vízforralóhoz. Fél órával a vége előtt adjunk hozzá kolbászt vagy kolbászt (sajtruhába kötve).

d) A hús és a csirke akkor kész, ha egy villa könnyen átszúrja a húst. Ha a potit azelőtt elkészíti, hogy készen állna, jó 45 percig meleg marad, vagy felmelegíthető.

SZOLGÁLÓ

e) Tálaláskor csöpögtessük le a húsokat, vágjuk fel és dobjuk ki a zsinórokat, majd helyezzük el a húst és a csirkét egy nagy, forró tálon. A zöldségeket szétosztjuk, megszórjuk petrezselyemmel, és meglocsoljuk egy kis főzőlével. Szűrj le és zsírtalaníts egy tál főzőlevet, hogy a tálhoz tálald.

f) Javasolt köret: főtt rizs vagy burgonya; paradicsom-, kapribogyó- vagy tormaszósz; Kóser só; savanyúság; Francia kenyér; vörös vagy rozé bor.

44. Filets De Poisson En Soufflé

ÖSSZETEVŐK:
A HAL ORVADÁSA
- ½ lb. bőr nélküli lepényhal vagy nyelvhal filé
- Zománcozott vagy rozsdamentes acél serpenyő
- ½ csésze száraz fehér vermut
- plusz víz, vagy 1½ csésze fehérboros halalaplé
- 1 ek darált mogyoróhagyma, zöldhagyma vagy mogyoróhagyma
- Só, bors

A SOUFFLÉ KEVERÉK
- 2½ ek vaj
- 3 ek liszt
- Egy 2½ literes fazék
- ¾ csésze forró tej
- Só, bors és szerecsendió
- 1 tojássárgája
- 5 keményre felvert tojásfehérje
- ½ csésze durvára reszelt svájci sajt

UTASÍTÁS:
a) Helyezze a halat a serpenyőbe a vermuttal vagy a halalaplével és annyi hideg vízzel, hogy ellepje. Adjunk hozzá medvehagymát és fűszereket.

b) Pároljuk fedő nélkül körülbelül 6 percig, vagy amíg a hal éppen meg nem fő; a halat köretre szedjük. Gyorsan forraljuk fel a főzőfolyadékot, amíg körülbelül ½ csésze lesz. a felét a szuflakeveréknek, a többit a szósznak tartsuk fenn.

c) A vajat és a lisztet együtt főzzük a serpenyőben 2 percig színezés nélkül. Vegyük le a tűzről. Habverővel felverjük a forró tejet, majd ¼ csésze halfőző folyadékot. Keverés közben 1 percig forraljuk. Vegyük le a tűzről. Belekeverjük a tojássárgáját. Keverjük hozzá a felvert tojásfehérje egynegyedét, majd óvatosan forgassuk bele a többi tojásfehérjét és 2 evőkanál sajt kivételével.

A SOUFFLÉ SÜTÉSE

d) A sütőt előmelegítjük 425 fokra.
e) Enyhén kivajazunk egy körülbelül 16 hüvelyk hosszú, ovális tűzálló tányért. Terítsen egy ¼ hüvelykes réteg szufla keveréket a tál aljára. A buggyantott halfilét pelyhesítjük, és a tálon 6 részre osztjuk. A halra halmozzuk a többi szuflakeveréket, így 6 halmot készítünk.
f) Megszórjuk a maradék sajttal, és rácsra tesszük az előmelegített sütő felső harmadába. Süssük 15-18 percig, vagy amíg a szufla felpuffad és megpirul a teteje.

45. Cassoulet

ÖSSZETEVŐK:
A BABOK
- 8 literes vízforraló, amely 5 liter gyorsan forrásban lévő vizet tartalmaz
- 5 csésze (2 font) száraz fehér bab (nagy északi vagy kis fehér Kalifornia)
- ½ lb. friss vagy sós sertéshéj
- 1 font sovány, sós sertéshús 10 percig párolt 2 liter vízben
- Egy nehéz serpenyő
- 1 csésze szeletelt hagyma
- Egy nagy csokor fűszernövény: 8 szál petrezselyem, 4 gerezd hámozatlan fokhagyma, 2 gerezd, ½ teáskanál kakukkfű és 2 babérlevél megmosott sajtruhába kötve
- Só

A sertéshús
- 2½ font. kicsontozott sertéssült (karaj vagy lapocka), a felesleges zsírt eltávolítjuk

A BÁRÁNY
- 2½ font. csontozott báránylapocka
- 3-4 TB étolaj
- Nehéz, lángálló serpenyő vagy nagy serpenyő
- 1 font repedezett báránycsontok
- 2 csésze darált hagyma
- 4 gerezd zúzott fokhagyma
- 6 TB paradicsompüré
- ½ teáskanál kakukkfű
- 2 babérlevél
- 2 csésze száraz fehér vermut
- 3 csésze marhahúsleves
- 1 csésze víz
- Só, bors

HÁZI KOLBÁSZTORTÁK
- 1 font (2 csésze) sovány darált sertéshús
- ⅓ lb. (⅔ csésze) friss, őrölt sertészsír
- 2 tk só
- ⅛ teáskanál bors
- Nagy csipet szegfűbors
- ⅛ tk morzsolt babérlevél
- Egy kis gerezd zúzott fokhagyma
- Opcionális: ¼ csésze konyak vagy armagnac és/vagy 1 apróra vágott szarvasgomba és gyümölcslé a dobozból

VÉGSŐ ÖSSZESZERELÉS
- 2 csésze száraz fehér kenyérmorzsa
- ½ csésze darált petrezselyem
- 8 literes, 5-6 hüvelyk magas lángálló tepsi vagy sütőtál
- 3 ek sertéssült zsír vagy olvasztott vaj

UTASÍTÁS:
a) Dobja a babot a forrásban lévő vízbe. Gyorsan felforraljuk, és 2 percig forraljuk. Vegyük le a tűzről, és hagyjuk ázni a babot 1 órán át. Ezalatt a sertéshéjat tegyük egy serpenyőbe 1 liter vízzel, forraljuk fel, és forraljuk 1 percig. Csepegtessük le, öblítsük le hideg vízben, és ismételjük meg a folyamatot. Ezután ollóval vágja a bőrt ¼ hüvelyk széles csíkokra; csíkokat vágjunk kis háromszögekre. Helyezze ismét egy serpenyőbe, adjon hozzá 1 liter vizet, és forralja nagyon lassan 30 percig; tegyük félre a serpenyőt.

b) Amint a bab 1 órán át ázott, tegye a sertéssót, a hagymát, a fűszernövénycsomagot és a sertéshús héját a főzőfolyadékkal együtt a kannába. Forraljuk fel, távolítsuk el a habot, és pároljuk lassan, fedő nélkül körülbelül 1,5 órán át, vagy amíg a bab megpuhul. Adjunk hozzá forrásban lévő vizet, ha szükséges főzés közben, hogy a babot ellepje. A főzés végén ízlés szerint sóval ízesítjük. Hagyja a babot a főzőfolyadékban felhasználásig.

c) A sertéshúst 175 fokos belső hőmérsékletre sütjük. Tegye félre, tartsa le a főzőleveket.

d) Vágja fel a bárányhúst 2 hüvelykes kockákra, szárítsa meg alaposan, és nagyon forró étolajon, lángálló serpenyőben vagy nagy serpenyőben süsse meg néhány darabot. Távolítsa el a húst egy köretre, pirítsa meg a csontokat, távolítsa el, és enyhén pirítsa meg a hagymát. Lecsepegtetjük a megbarnult zsírt, visszatesszük a húst és a csontokat, és belekeverjük a fokhagymát, a paradicsompürét, a kakukkfüvet, a babérlevelet, a bort és a húslevest. Forraljuk fel, enyhén fűszerezzük, fedjük le, és lassan pároljuk másfél órán keresztül. Dobja el a csontokat és a babérleveleket, mossa le a zsírt, és ízesítse a főzőlevet ízlés szerint sóval és borssal.

e) Keverje össze az összes összetevőt; 2 hüvelyk átmérőjű és ½ hüvelyk vastag tortákat formázunk. Serpenyőben enyhén megpirítjuk, papírtörlőn leszűrjük.

f) Csepegtesse le a babot, dobja ki a gyógynövénycsomagot, és vágja fel a sós sertéshúst ¼ hüvelykes szeletekre. Vágja a sült sertéshúst 1½-2 hüvelykes tálaló darabokra. Rendezzünk egy réteg babot a tepsi vagy tepsi aljába. Fedjük le egy réteg bárány-, sertés-, sós sertés- és kolbásztortákkal. Ismételje meg a babot és a húst, egy réteg kolbásztortával befejezve.

g) Öntsük bele a báránysütési leveket, a sertéssült leveket és annyi babfőző folyadékot, hogy a bab felső rétegét ellepje. Keverjük össze a zsemlemorzsát és a petrezselymet, kenjük rá a babra és a kolbászos süteményekre, és csepegtessük rá a zsírt vagy a vajat. Tegye félre vagy hűtse le, amíg készen nem áll a végső főzésre.

SÜTÉS

h) A sütőt előmelegítjük 400 fokra.
i) A tepsit a tűzhely tetején pároljuk, majd az előmelegített sütő felső harmadába tesszük. Amikor a teteje enyhén megpirult, körülbelül 20 perc alatt kapcsolja vissza a sütőt 350 fokra. Egy kanál hátával törjük bele a bab héját, és kenjük meg a rakott folyadékkal.
j) Ismételje meg többször, amikor a kéreg újra kialakul, de a végső kérget hagyja érintetlenül a tálaláshoz. Ha a folyadék túl sűrűvé válik, adjunk hozzá néhány kanál babfőzőlevet. A cassoulet-nek körülbelül egy órát kell sütnie.

46. Coulibiac De Saumon En Croûte

ÖSSZETEVŐK:
A PÉSZTÉSZTA
- 4 csésze univerzális liszt (közvetlenül mindegyik csészébe szitálva és lapos késsel elsimítva)
- Egy nagy keverőtál
- 1¾ rúd (7 uncia) hűtött vaj
- 4 ek hűtött zöldségleves
- 2 teáskanál sót ¾ csésze hideg vízben feloldva
- 1 vagy több TB hideg víz, szükség szerint
- 2 ek lágy vaj (fedéshez)

A RIZS
- 2 ek darált hagyma
- 2 ek vaj
- Egy nehéz, 2 literes serpenyő
- 1½ csésze száraz, nyers, sima rizs
- 3 csésze hal vagy csirke húsleves
- Só, bors

A FELSŐ BORÍTÓ (KIJELZŐ LEVÉTELTÉSZTA VAGY PELYHES TÉSZTA)
- 2 ek lágy vaj

A LAZAC ÉS GOMBA
- 2 csésze finomra vágott gomba, előzőleg vajban megpirítva
- ½ csésze finomra vágott mogyoróhagyma vagy mogyoróhagyma
- 2 ek vaj
- ½ csésze száraz fehér vermut
- ¼ csésze konyak
- 2½ csésze bőr nélküli és kicsontozott lazac, konzerv vagy előzőleg főzve
- ½ csésze darált friss petrezselyem
- 1 tk oregánó vagy tárkony

- Só, bors

A TOK KITÖLTÉSE ÉS DÍSZÍTÉSE
- 2 csésze jól ízesített tejszínes szósz, ha van lazaclé is
- Tojásmáz (1 tojást 1 tk vízzel felvert)

UTASÍTÁS:
a) A lisztet egy keverőtálba tesszük, és a kihűtött vajat és a zsiradékot botmixerrel vagy az ujjaink hegyével beledolgozzuk addig, amíg a keverék durva kukoricadarára nem hasonlít. Egyik kezünk befogott ujjaival gyorsan keverjük hozzá a vizet, nyomkodjuk össze a tésztát, ha szükséges, adjunk hozzá még vizet cseppenként, hogy rugalmas, de nem nedves és ragacsos tésztát kapjunk.

b) Gyűjtsd össze labdává, tedd egy deszkára, és gyorsan nyomj ki belőle két kanálnyi darabot, majd a kezed sarkával egy 6 hüvelykes kenetben távolítsd el magadtól. Ez jelenti a zsír és a liszt végső összekeverését. Golyóba nyomkodjuk, viaszpapírba csomagoljuk, és 2 órán át hűtjük, vagy amíg meg nem szilárdul.

AZ ALSÓ TOK
c) A sütőt előmelegítjük 425 fokra.

d) A tészta kétharmadát téglalappá 0,5 hüvelyk vastag és akkora, hogy elférjen egy 13-14 hüvelyk hosszú és 3 hüvelyk széles cipóforma külső alján. A serpenyőt kívülről vajazza meg, fordítsa fejjel lefelé, és illessze rá a tésztát, hagyja, hogy a tészta 2 hüvelyk mélységig lejöjjön. Vágja körbe egyenletesen a tésztát, és egy villa fogaival szurkálja meg. Előmelegített sütőben 6-8 percig sütjük, amíg a tészta éppen megdermed és el nem kezd színezni. Távolítsuk el és formázzuk ki egy rácson.

e) A maradék tésztát téglalap alakúra nyújtjuk, az alsó felét megkenjük 1 evőkanál puha vajjal, majd a felső felét ráhajtjuk, hogy az alja befedje. Ismételje meg egy másik evőkanál vajjal. Csomagolja be viaszos papírba és hűtse le.
f) A hagymát a serpenyőben vajban 5 percig pároljuk anélkül, hogy megbarnulnának. Keverje hozzá a rizst, lassan főzze néhány percig, amíg a szemek tejes nem lesznek, majd keverje hozzá a húslevest. Forraljuk fel, keverjük meg egyszer, majd fedjük le az edényt, és keverés nélkül, közepesen gyors tűzön főzzük körülbelül 18 percig, amíg a rizs fel nem szívja a folyadékot. Villával enyhén megpuhítjuk, sóval, borssal ízesítjük. (Előre is megtehető.)
g) A medvehagymát vagy mogyoróhagymát lassan 2 percig főzzük a vajban; keverjük hozzá a gombát, a vermutot és a konyakot, és forraljuk néhány percig, hogy az alkohol elpárologjon. Ezután keverjük hozzá a lazacot, a petrezselymet és a tárkonyt, és melegítsük néhány percig, hogy az ízek összeérjenek. Ízlés szerint sózzuk, borsozzuk. (Előre is megtehető.)
h) A sütőt előmelegítjük 425 fokra.
i) Enyhén kivajazott tepsire helyezzük a tésztát. Rendezzünk egy réteg rizst a tok aljába, fedjük be egy réteg gombával és lazaccal, majd egy réteg szósszal. Ismételje meg a műveletet rizs, lazac és szósz rétegekkel, és ha túlcsordul a tok, kupolába halmozva a tölteléket.
j) A felső fedőnek fenntartott tésztát nyújtsa téglalappá, amely mindkét oldalon $1\frac{1}{2}$ hüvelykkel hosszabb és szélesebb, mint a cukrászat. A tok oldalát felvert tojással fessük le, fektessük rá a tésztafedőre, és

szorosan nyomjuk a tokhoz, hogy szorosan lezárjuk. A maradék tésztát kinyújtjuk; díszes formára vágjuk. Fesd le a fedelet tojásmázzal, ragassz fel dekorációkat, fesd ki tojással.

k) Rajzolja a villa fogait a tojásmázra, hogy keresztirányú jelöléseket készítsen. Szúrjon 2 1/8 hüvelykes lyukat a tésztafedőbe, és helyezzen be papír- vagy fóliatölcséreket; ezek lehetővé teszik a gőz távozását. (Ha a tokot idő előtt szeretné kitölteni, díszíteni, a tojásfestést mellőzzük, csak dekorációra használjuk. Hűtőbe tesszük sütési idejig, majd megkenjük tojással.)

l) Előmelegített sütő középső szintjén 45-60 percig sütjük (ha a tok kihűlt, tovább), amíg a tészta szépen meg nem pirul, és a tölcséreken keresztül buborékoló hangokat hallunk.

SZOLGÁLÓ

m) Valószínűleg mártást kívánsz ehhez; evés közben egy kicsit nedvesíteni kell – olvasztott vaj, citromvaj, könnyed tejszínes szósz citrom ízesítéssel, álhollandi. Jól illik hozzá a vajas borsó, vagy zöld vagy vegyes zöldségsaláta.

n) Tálaljon fehér burgundi vagy traminer bort.

47. Veau Sylvie

ÖSSZETEVŐK:
A BORJÚ HÚS HASZNÁLATA ÉS PÁNCOLÁSA
- 3½ kilós csont nélküli borjúsült

PÁRCÁNY HOZZÁVALÓK
- ⅓ csésze konyak
- ⅓ csésze száraz Sercial Madeira
- ½ csésze szeletelt sárgarépát és hagymát
- Egy nagy csokor fűszernövény: 4 szál petrezselyem, 1 babérlevél, ½ teáskanál kakukkfű és 4 szem bors mosott sajtruhába kötve

A BORJÚHÚS TÖLTÉSE
- 6 vagy több szelet főtt sonka 1/16 hüvelyk vastagságban
- 12 vagy több szelet 1/16 hüvelyk vastag svájci sajt
- Ha megtalálod vagy megrendeled: Egy darab zsiradék (disznózsír)
- Nehéz fehér húr

A PÖRSTÉK BARNÉZÁSA
- 3 ek vaj
- 1 ek étolaj
- Fedett rakott vagy pörkölő, amely elég nagy ahhoz, hogy a hús elférjen

A BORJÚHÚS SÜTÉSE
- ½ teáskanál só
- ⅛ teáskanál bors
- 2 csík zsíros szalonna 1 liter vízben 10 percig párolva, leöblítve és szárítva (vagy egy szelet szelet)
- Egy darab alufólia

SZÓSZ ÉS TÁLAG
- Forró tálalótál
- 1 csésze marhahúsleves vagy húsleves
- 1 ek kukoricakeményítő egy kis tálban 2 tb Madeira vagy alaplével összekeverve

- 2 ek lágy vaj

UTASÍTÁS:

a) Végezzen egy sor mély, párhuzamos vágást a sültben, egymástól körülbelül 1 hüvelyk távolságra, a sült tetejétől kezdve, és a szemekkel együtt haladva a hús hosszában az egyik végétől a másikig, és az aljától legfeljebb $\frac{1}{2}$ hüvelykig. a sültből. Így lesz 3 vagy 4 vastag hússzelet, amelyek a tetején és az oldalakon szabadok, de amelyek alul össze vannak rögzítve.

b) Ha a húsa sok izomváladékot tartalmaz, akkor nagyon rendetlennek fog tűnni, de később újra össze lesz kötve. Ha pácolni szeretnéd a húst, egy nagy tálban keverd össze a pác hozzávalóit, add hozzá a húst, és kend meg a folyadékkal. Óránként megforgatjuk és megpároljuk legalább 6 órán keresztül, vagy egy éjszakán át a hűtőszekrényben. Csepegtesse le a húst, és alaposan szárítsa meg, mielőtt a következő lépésre lépne.

c) Helyezze a sültet úgy, hogy az alja a vágódeszkán feküdjön. Teljesen fedje be minden húslevelet egy réteg sonkával két réteg sajt közé, majd zárja össze a húsleveleket, hogy megreformálja a sülteket. (Ha van zsiradékunk, tekerjük bele a sültet, az a helyén tartja a tölteléket, és sütés közben megolvad.) Kössünk hurkokat a hús köré, hogy megtartsa a formáját. Szárítsa meg újra papírtörlőn a sülteket, így szépen megbarnul.

d) Melegítsük elő a sütőt 450 fokra.

e) Szűrjük le a pácot, hogy elválasszuk a zöldségeket a folyadéktól (vagy használjunk friss zöldségeket). A vajat és az olajat felhevítjük a sütőben, és 5 percig lassan főzzük a pácolt zöldségeket. Tolja őket a serpenyő oldalára, emelje a hőt közepesen magasra, tegye bele a borjúhúst, vágatlan felével lefelé, és hagyja az alját 5 percig pirulni. Kenjük meg a serpenyőben lévő zsiradékkal, majd fedetlenül helyezzük az előmelegített sütő felső harmadába, hogy a hús teteje és oldala kb. 15 perc alatt megpiruljon. A serpenyőben 4-5 percenként kenjük meg vajjal. (Ha zsiradékot használtunk, akkor a sültet egyszerűen megpiríthatjuk egy serpenyőben, ha akarjuk, akkor folytassuk a következő lépéssel, a blansírozott szalonnát elhagyva.)

f) Kapcsolja le a sütőt 325 fokra. Öntsük hozzá a pácfolyadékot, ha használtuk, a húst sózzuk, borsozzuk. Helyezze a szalonnát vagy a szeletet a húsra és a fóliára. Fedjük le a tepsit, és tegyük be a sütő alsó harmadába. Szabályozza a hőt, hogy a hús lassan és egyenletesen süljön körülbelül 1 és fél órán keresztül. A hús akkor kész, amikor villával mélyen megszurkálva a leve tiszta sárgára fut.

g) Távolítsa el a húst a tálra, dobja ki a rácsos zsinórokat és a szalonnát vagy a szeletet.

h) A rakott levét lefölözzük, felöntjük alaplével vagy húslevessel, és a zsírt lefölözve pároljuk egy-két percig. Emelje fel a hőt, és gyorsan forralja, kóstolgatva, amíg az íz koncentrálódik. Levesszük a tűzről, belekeverjük a kukoricakeményítős keveréket, majd keverés közben 2 percig forraljuk. Gondosan igazítsa a fűszerezést.

i) Vegyük le a tűzről, és forgassuk a dúsító vajban, amíg fel nem szívódik. Forró mártásos tálba szűrjük, és egy keveset kanalazunk a húsra.

48. Filets De Sole Sylvestre

ÖSSZETEVŐK:
AZ AROMÁS ZÖLDSÉGEK BRUNOISE
- A következőket 1/16 hüvelykes kockákra vágva, összesen 1¾ csészét készítve: 2 közepes hagyma, 2 közepes sárgarépa, 1 közepes zellerszár, 8 petrezselyem szár
- Kicsi, nehéz fedős serpenyő
- 2 ek vaj
- ½ babérlevél
- ¼ tk tárkony
- ⅛ teáskanál só
- Csipet bors
- ¼ lb. friss gombát 1/16 hüvelykes kockákra vágva

A HAL FŐZÉSE
- 8 nyelvhal, lepényhal vagy vékonybajszú filé 9 x 2 hüvelyk méretű (2 személyenként)
- 1 csésze száraz fehér francia vermut
- Só, bors
- 10-12 hüvelykes sütő-tálaló edény, 1,5-2 hüvelyk mély, kivajazott
- ¼-½ csésze hideg víz

SZÓSZ ÉS TÁLAG
2 rozsdamentes acél vagy zománcozott serpenyő
1 ek vaj
1 ek liszt
1 ek paradicsompüré vagy paszta
4 vagy több teáskanál lágyított vaj

UTASÍTÁS:
a) Miután az első zöldségcsoportot a lehető legfinomabb kockákra vágtuk, lassú tűzön főzzük őket a vajjal, a fűszernövényekkel és a fűszerekkel körülbelül 20 percig. Tökéletesen gyengédnek és a leghalványabb arany

színűnek kell lenniük. Ezután hozzáadjuk a gombát, és lassan további 10 percig főzzük.
b) Melegítsük elő a sütőt 350 fokra.
c) Finoman vágja be a halat a bőr melletti oldalán; ez a meglehetősen tejszerű oldal, és egy kést ráhúzva elvágja a felületi membránt, így megakadályozza a filé felkunkorodását sütés közben. A filéket enyhén sózzuk, borsozzuk, a karcolt oldal felére egy kanál főtt zöldséget teszünk, és ék alakúra hajtjuk ketté. A halat egy rétegben elhelyezzük a tepsiben.
d) Öntsük rá a vermutot, és adjunk hozzá annyi hideg vizet, hogy majdnem ellepje a halat. (Ha véletlenül van halváza [csontszerkezet], fektessük a halra.)
e) Fedjük le viaszos papírral. Ha a tepsi lángálló, akkor a tűzhely tetején alig pároljuk, majd az előmelegített sütő alsó harmadába tesszük kb. 8 percre. Ellenkező esetben tegye az edényt közvetlenül a sütőbe körülbelül 12 percre. A hal akkor kész, ha egy villa könnyen átszúrja a húst, és a hús alig pelyhesül. Ne főzzük túl. Lekapcsolt sütőben, résnyire nyitva tartva, szószkészítés közben melegen tartjuk.
f) Engedje le az összes főzőfolyadékot az egyik serpenyőbe, és forralja fel gyorsan, amíg a folyadék körülbelül ⅔ csészére csökken. A másik serpenyőben felolvasztjuk a vajat, belekeverjük a lisztet, és lassan, színezés nélkül 2 percig főzzük. Levesszük a tűzről, és erőteljesen hozzákeverjük a csökkentett főzőfolyadékot, majd a paradicsom aromát.
g) Közvetlenül tálalás előtt vegyük le a tűzről, és keverjük bele a lágy vajat, ½ evőkanállal. (A mártást nem lehet újra felmelegíteni, ha a vaj belekerült.)

h) A halat ismét csöpögtessük le, és adjunk hozzá folyadékot a szószhoz. Öntsük a szószt a halra, és azonnal tálaljuk.

49. Riz Etuvé au Beurre

ÖSSZETEVŐK:

- 1½ csésze tiszta, mosatlan, nyers rizs
- Egy nagy vízforraló, amely 7-8 liter gyorsan forrásban lévő vizet tartalmaz
- 1½ teáskanál só liter vízhez
- 2-3 ek vaj
- Só, bors
- Egy nehéz, 3 literes serpenyő vagy rakott
- Egy kerek vajas viaszpapír

UTASÍTÁS:

a) Fokozatosan beleszórjuk a rizst a forrásban lévő sós vízbe, olyan lassan adagolva, hogy a víz ne essen a forráspont alá. Egyszer keverje fel, hogy megbizonyosodjon arról, hogy a szemek nem tapadnak a vízforraló aljához.

b) Fedő nélkül, mérsékelten gyorsan forraljuk 10-12 percig. 10 perc elteltével kezdje el a tesztelést úgy, hogy egymást követő rizsszemeket harapjon meg. Amikor a szem már elég puha ahhoz, hogy a közepe ne legyen kemény, de még nem főtt meg teljesen, szűrőedényben csepegtessük le a rizst. Forró folyó víz alatt egy-két percig bolyhosítjuk, hogy a rizsliszt minden nyomát lemossuk. (Ez, plusz a túlfőzés teszi ragadóssá a rizst.)

c) A serpenyőben vagy a serpenyőben felolvasztjuk a vajat, és belekeverjük a sót és a borsot. Amint megmostuk a rizst, forgassuk bele a serpenyőbe, villával pihegessük össze a vajjal és a fűszerekkel.

d) Fedjük le kivajazott viaszpapírral, majd tegyük rá a fedőt. Forró víz felett, vagy még vízben 325 fokos sütőben 20-30 percig pároljuk, amíg a szemek megduzzadnak és a rizs megpuhul. Ha nem tálaljuk azonnal, vegyük le a tűzről, és tegyük félre, csak a viaszos papír fedje le.

e) Az újramelegítéshez fedje le, és tegye forró víz fölé körülbelül 10 percre. Közvetlenül tálalás előtt ízlés szerint sózzuk és borsozzuk.

50. Risotto a La Piémontaise

ÖSSZETEVŐK:

2 ek vaj
Egy vastag fenekű 2 literes fazék
$1\frac{1}{4}$ csésze mosatlan nyers fehér rizs
$\frac{1}{4}$ csésze száraz fehér vermut
$2\frac{1}{2}$ csésze csirkeleves vagy húsleves
Só, bors

UTASÍTÁS:

Mérsékelt lángon olvasszuk fel a vajat. Adjuk hozzá a rizst, és favillával lassan keverjük addig, amíg a szemek áttetszővé nem válnak, majd fokozatosan tejfehérké nem válnak – körülbelül 2 percig.

Adjuk hozzá a vermutot és hagyjuk felszívódni, majd keverjük hozzá a csirkealaplé vagy húsleves harmadát. Csökkentse a hőt, és hagyja főni a rizst a legalacsonyabb lángon 3-4 percig, időnként megkeverve. (Ennél a pontnál kezdje a borjúhúst, és folytassa a két műveletet egyszerre.) Amikor a folyadék felszívódott, keverje hozzá a maradék alaplelet felét, és folytassa a főzést lassan, időnként megkeverve a favillával, majd amikor a folyadék ismét felszívódik, öntse hozzá az utolsó alaplevet.

Ha ez végre felszívódott, kóstoljuk meg a rizst. Ha nem olyan puha, mint szeretné, adjon hozzá még egy kis alaplevet vagy vizet, és fedje le a serpenyőt néhány percre.

A rizs teljes főzési ideje 15-18 perc. Ízlés szerint sózzuk, borsozzuk. (Ha előre megtette, fedje le, és melegítse fel forró víz felett.)

51. Sauté De Veau (Ou De Porc) Aux Champignons

ÖSSZETEVŐK:

- 1½-2 font. borjú- vagy sertésbélszín 3/4 hüvelykes szeletekre vágva
- Egy nehéz 10 hüvelykes serpenyő
- 2 ek vaj
- 1 ek étolaj
- Egy 8-10 uncia konzerv gombaszárral és -darabokkal
- ½ teáskanál tárkony, kakukkfű vagy vegyes fűszernövények
- ¼ teáskanál só; csipet bors
- Opcionális: kis gerezd zúzott fokhagyma
- 2 vagy 3 ek finomra aprított mogyoróhagyma
- ¼ csésze Sercial Madeira vagy száraz fehér francia vermut

UTASÍTÁS:

Szárítsa meg a borjú- vagy sertéshúst papírtörlőn. A serpenyőben felforrósítjuk az olajat és a vajat. Amikor a vajhab már majdnem leállt, hozzáadjuk a húst, és nagy lángon, gyakran megforgatva pároljuk, amíg minden oldala enyhén megpirul. Csökkentse a hőt, és folytassa a főzést, időnként megforgatva, amíg a hús meg nem merev, ha ujjával megnyomja. (A teljes főzési idő 7-10 perc; ezalatt lesz ideje a rizsre, a mogyoróhagyma és a petrezselyem felaprítására, valamint a leves összeállítására.)

A gombát leszűrjük, és a húshoz adjuk. Szórjuk rá a fűszernövényeket, sózzuk és borsozzuk; hozzáadjuk az opcionális fokhagymát és a mogyoróhagymát; egy pillanatra összeforgatjuk, majd beleöntjük a gombaleveket és a bort. Forraljuk fel, hogy felére csökkenjen. Tegye félre, ha nem áll készen a tálalásra, és melegítse fel, amikor szükséges.

52. Bouillabaisse a La Marseillaise / Mediterrán hallé

ÖSSZETEVŐK:
A LEVESALAP
- 1 csésze apróra vágott sárgahagyma
- $\frac{3}{4}$-1 csésze szeletelt póréhagyma, csak a fehér része; vagy $\frac{1}{2}$ csésze több hagyma
- $\frac{1}{2}$ csésze olívaolaj
- Nehéz 8 literes vízforraló vagy lábos
- 2-3 csésze apróra vágott friss paradicsom vagy $1\frac{1}{4}$ csésze lecsepegtetett konzerv paradicsom, vagy $\frac{1}{4}$ csésze paradicsompüré
- 4 gerezd zúzott fokhagyma
- $2\frac{1}{2}$ liter víz
- 6 szál petrezselyem
- 1 babérlevél
- $\frac{1}{2}$ teáskanál kakukkfű vagy bazsalikom
- $\frac{1}{8}$ teáskanál édeskömény
- 2 nagy csipet sáfrány
- Egy 2 hüvelykes darab vagy $\frac{1}{2}$ teáskanál szárított narancshéj
- $\frac{1}{8}$ teáskanál bors
- 1 ek só (kagylólé használata esetén nincs)
- 3-4 font. halfejek, -csontok és -nyesedékek, beleértve a kagylómaradványokat; vagy 1 liter kagylólé és 1,5 liter víz, só nélkül

A BOUILLABAISSE FŐZÉSE
- A leves alap
- 6-8 font. válogatott sovány halak és kívánság szerint kagylók, a recept elején található utasítások szerint válogatva és elkészítve

SZOLGÁLÓ
- Egy főzőlap
- Egy leveses tükör vagy leveses rakott

- Kerek pirított francia kenyér
- ⅓ csésze durvára vágott friss petrezselyem

UTASÍTÁS:

a) A hagymát és a póréhagymát olívaolajon 5 percig, barnulás nélkül, lassan főzzük. Keverjük hozzá a paradicsomot és a fokhagymát, és főzzük még 5 percig.
b) Adja hozzá a vizet, a fűszernövényeket, a fűszereket és a hal- vagy kagylólevet a vízforraláshoz. Forraljuk fel, lefölözzük, és fedő nélkül lassú forralással 30-40 percig főzzük. Szűrjük le, megfelelő fűszerezéssel. Tegye félre, fedő nélkül, amíg kihűl, ha nem készíti el azonnal a bouillabaisse-t, majd hűtse le.
c) Tálalás előtt körülbelül 20 perccel forraljuk fel gyorsan a levesalapot a vízforralóban. Adjunk hozzá homárt, rákot és kemény húsú halat. Gyorsan felforraljuk, és gyorsan, fedő nélkül forraljuk 5 percig. Ezután hozzáadjuk a puha húsú halat, valamint a kagylókat, a kagylókat és a tengeri herkentyűket. Forraljuk újra 5 percig. Ne főzzük túl.
d) Azonnal kiemeljük a halat, és a tálra rendezzük. Óvatosan kóstoljuk meg a levest a fűszerezéshez, tegyünk 6-8 szelet kenyeret a turénba, és öntsük bele a levest. A halra kanalazzon egy merőkanál levest, és szórja meg a halat és a levest is petrezselyemmel. Azonnal tálaljuk.
e) Az asztalnál minden vendéget felszolgálnak, vagy felszolgálnak neki halat és levest is, egy nagy leveses tányérba helyezve. A bouillabaisse-t egy nagy leveseskanállal és villával fogyasszuk, kiegészítve további francia kenyérszeletekkel. Ha bort szeretne felszolgálni, választhat rozéból, erős száraz fehérborból, mint a

Côtes du Rhône vagy Riesling, vagy egy világos, fiatal vörösből, mint a Beaujolais vagy a hazai hegyi vörös.

53. Salpicón De Volaille

ÖSSZETEVŐK:

- 3 ek vaj
- Egy nagy serpenyő vagy serpenyő
- 3-4 tb darált mogyoróhagyma vagy mogyoróhagyma
- 3-4 csésze csirke- vagy pulykahús $\frac{3}{8}$ hüvelykes kockákra vágva
- Körülbelül 2 csésze kockára vágott főtt sonka vagy nyelv
- Só, bors
- $\frac{1}{2}$ teáskanál tárkony vagy oregánó
- $\frac{1}{2}$ csésze száraz fehér vermut
- Opcionális adalékok: egy csésze főtt gomba, uborka, zöldpaprika, borsó, spárga vagy brokkoli; 1 vagy 2 kockára vágott kemény tojás
- 2-3 csésze vastag velouté szósz (lásd az alábbi megjegyzést)

UTASÍTÁS:

Olvasszuk fel a vajat egy serpenyőben, keverjük bele a medvehagymát vagy a mogyoróhagymát, és főzzük lassan 1 percig. Keverje hozzá a csirkét vagy pulykát, a sonkát vagy a nyelvet, ízesítse sóval, borssal és fűszernövényekkel. Emelje fel a hőt, és keverje össze 2 percig, hogy a hús felmelegedjen a fűszerekkel. Felöntjük a borral; gyorsan forraljuk fel, amíg a folyadék majdnem el nem párolog. Adja hozzá az opcionális kiegészítőket és annyi velouté szószt, hogy az összes hozzávalót bevonja. Óvatosan kóstoljuk meg a fűszerezéshez. Ha nem használja azonnal, kenje be a tetejét tejszínnel vagy olvasztott vajjal, majd melegítse fel, ha szükséges.

54. Poulet Grillé Au Naturel / Sima sült csirke

ÖSSZETEVŐK:

Egy 2½ font. sült csirke
2 ek vaj
1 ek étolaj
Egy sekély serpenyőben vagy tepsiben
Só
2 ek darált mogyoróhagyma vagy mogyoróhagyma
½ csésze marha- vagy csirke húsleves

UTASÍTÁS:

Alaposan szárítsa meg a csirkét papírtörlővel. A vajat felolvasztjuk az étolajjal, megkenjük a csirkét, és bőrös felével lefelé a serpenyőben vagy tepsiben elrendezzük. Helyezze a csirkét úgy, hogy a hús felülete 5-6 hüvelyk távolságra legyen a forró brojler elemtől; a csirkének lassan kell főznie, és nem kezdhet el barnulni 5 percig. 5 perc múlva kenje meg a csirkét vajjal és olajjal; éppen barnulni kell. Ennek megfelelően szabályozza a hőt. 5 perc múlva újra kenjük meg vajjal és olajjal, majd 15 perc elteltével adjuk meg az utolsó rántást, szórjuk meg sóval, és fordítsuk meg a csirke bőrével felfelé. Folytassuk a sütést, és ötévente fürösztjük (a serpenyőben lévő zsiradékot és leveket használjuk) további 15 percig, vagy amíg a serpenyők megpuhulnak préseléskor, és a leve átlátszó sárgává nem válik, amikor a sötét hús leghúsosabb részét mélyen megszúrjuk.

Tegye ki a csirkét egy forró tálra, 2 evőkanál zsír kivételével vegye ki a serpenyőből, és keverje hozzá a medvehagymát vagy a mogyoróhagymát. Tűzhelyen kevergetve főzzük egy percig, majd adjuk hozzá a húslevest. Gyorsan felforraljuk, az alvasztott főzőlevet a húslevesbe kaparva, amíg a folyadék szirupos állagúra nem válik.

Ráöntjük a csirkére és tálaljuk. (A tálaláshoz hosszában kettévágjuk a szegycsonton keresztül, majd felemeljük az egyes combrészeket, és kihúzzuk a mellből.)

55. Poulet Grillé a La Diable

ÖSSZETEVŐK:

Egy 2½ font. sült csirke
2 ek vaj
1 ek étolaj
3 ek Dijon típusú (erős) elkészített mustár
1½ tb darált mogyoróhagyma vagy mogyoróhagyma
¼ teáskanál kakukkfű, bazsalikom vagy tárkony
3 csepp Tabasco szósz
1 csésze friss fehér kenyérmorzsa (házi kenyérből)

UTASÍTÁS:

A csirkét az előző receptben leírtak szerint sütjük, de mindkét oldalát csak 10 percig sütjük. Verje fel a mustárt, a medvehagymát vagy a mogyoróhagymát, a fűszernövényeket és a Tabascót egy kis tálban; majd cseppenként keverd hozzá a serpenyőben lévő zsiradék felét és a levet, hogy majonézszerű mártást kapj. A maradék zsiradékot és levet tartsa későbbre.

Kenjük meg a csirke alját (nem a bőrös oldalát) a mustárkeverék felével, és borítsuk be egy réteg zsemlemorzsával. Tegye a csirkét bőrös oldalával lefelé egy rácsra egy serpenyőbe, és kenje meg a fenntartott grilllével. Tegye vissza a csirkét a forró broilerbe 5-6 percre, amíg a morzsa szépen megpirul. A csirkét a bőrös oldalával felfelé fordítjuk, megkenjük a maradék mustárral, beborítjuk a morzsával, és meglocsoljuk az utolsó levével. Tegye vissza a broilerbe még 5-6 percre, vagy amíg a csirke elkészül.

56. Pois Frais En Braisage / Salátával párolt borsó

ÖSSZETEVŐK:

2 font. friss borsó (kb. 3 csésze, kifejtve)
1 közepes fej bostoni saláta, megmosva és felaprítva
½ teáskanál só
1-2 ek cukor (a borsó édességétől függően)
4 ek darált mogyoróhagyma
4 ek lágy vaj
Nehéz fenekű serpenyő

UTASÍTÁS:

Helyezze a borsót és a többi hozzávalót egy serpenyőbe, és kézzel durván összenyomkodja, hogy a borsó kissé megsérüljön. Adjunk hozzá hideg vizet, hogy a borsó alig fedje el. Állítsd közepesen magas lángra, fedd le szorosan a serpenyőt, és forrald 20-30 percig; körülbelül 20 perc elteltével tesztelje a borsó érzékenységét úgy, hogy egyet egyet. Addig forraljuk, amíg a borsó megpuhul, és a folyadék el nem párolog; adjunk hozzá még 2-3 evőkanál vizet, ha szükséges. Megfelelő fűszerezés és tálaljuk. (Ha nem tálaljuk azonnal, fedetlenül tegyük félre. Melegítsük fel 2 evőkanál vízzel, fedjük le, és sűrűn megforgatva forraljuk egy-két percig, amíg a borsó át nem forró.

57. Potage Crème De Cresson / Vízitorma krémleves

ÖSSZETEVŐK:
A VÍZÍZSZÁMA FŐZÉSE

- ½ csésze darált hagyma
- 3 ek vaj
- 3 literes lefedett serpenyő
- 3-4 csésze friss vízitormalevél és puha szár, megmosva és törölközőben szárítva
- ½ teáskanál só

Párolgás

- 3 ek liszt
- 5½ csésze forrásban lévő csirke alaplé

VÉGSŐ DÚSÍTÁS

- 2 tojássárgája keverőtálban ½ csésze kemény tejszínnel
- 1-2 ek lágy vaj

UTASÍTÁS:

a) A hagymát a serpenyőben lévő vajban lassan megpirítjuk, körülbelül 10 percig. Amikor puha és áttetsző, keverjük hozzá a vízitormát és a sót, fedjük le, és főzzük lassan 5 percig, vagy amíg teljesen megfonnyad.

b) A lisztet szórjuk a vízitorma keverékbe, és mérsékelt lángon keverjük 3 percig. Vegyük le a tűzről, keverjük hozzá a forró alaplével, és pároljuk 5 percig. Élelmiszermalomban pürésítjük, visszatesszük a serpenyőbe, és megfelelően fűszerezzük. Röviddel tálalás előtt tegyük félre, majd melegítsük újra lassú tűzig.

c) Egy csésze forró levest csepegtetünk a sárgájához és a tejszínhez, majd fokozatosan, vékony sugárban keverjük hozzá a leves többi részét. Tegye vissza a levest a serpenyőbe, és mérsékelt lángon keverje egy-két percig, hogy a tojássárgáját felforrósítsa, de ne forralja fel.

Vegyük le a tűzről, és evőkanállal keverjük bele a dúsító vajat.
d) Hidegen tálaláshoz hagyja ki a végső vajdúsítást és hűtse le. Ha túl sűrű, tálalás előtt keverjünk hozzá még tejszínt.

58. Navarin Printanier / Báránypörkölt sárgarépával

ÖSSZETEVŐK:
- Mell a zsírért és az állagért
- Váll, karcsú, masszív darabokhoz
- Rövid bordák az állagért és az ízért
- Nyak, a textúra és a szósz állagáért

A BÁRÁNY BARNÉZÁSA
- 3 font. Báránypörkölt hús
- 3-4 TB étolaj
- Egy 10-12 hüvelykes serpenyő
- 5-6 literes lángálló rakott vagy holland sütő
- 1 ek kristálycukor
- 1 teáskanál só
- $\frac{1}{4}$ teáskanál bors
- 3 ek liszt

SZEMLŐ
- 2-3 csésze barna bárány- vagy marhahúsleves vagy konzerv marhahúsleves
- 3 közepes paradicsom, meghámozva, kimagozva, levet vágva és apróra vágva; vagy 3 ek paradicsompüré
- 2 gerezd zúzott fokhagyma
- $\frac{1}{4}$ teáskanál kakukkfű vagy rozmaring
- 1 babérlevél

A GYÖKERZÖLDSÉGEK HOZZÁADÁSA
- 6-12 "főtt" burgonya
- 6 fehérrépa
- 6 sárgarépa
- 12-18 apró, körülbelül 1 hüvelyk átmérőjű fehér hagyma

A ZÖLDZÖLDSÉGEK HOZZÁADÁSA
- 1 csésze héjas zöldborsó (kb. $\frac{1}{2}$ lb. héj nélkül)
- 1 csésze zöldbab (körülbelül $\frac{1}{4}$ lb.) $\frac{1}{2}$ hüvelykes darabokra vágva
- 3-4 liter forrásban lévő víz

- 1½-2 ek só

UTASÍTÁS:

a) Távolítsa el az összes felesleges zsírt és a leeső vagy fedőhártyát. Vágja a húst 2 hüvelykes kockákra, amelyek súlya 2-2½ uncia. A húsban maradó csontok hozzáadott ízt adnak a szósznak; legtöbbjük tálalás előtt eltávolítható.

b) A báránydarabokat papírtörlőn alaposan szárítsa meg. Egy serpenyőben olajat hevítünk szinte füstölésig, és néhány darabonként süssük meg a bárányt minden oldaláról. Tegye át a bárányt, ahogy megsült, a rakott vagy holland sütőbe.

c) Szórjuk rá a cukrot, és dobjuk a bárányhúst közepes lángon 3-4 percig, amíg a cukor megbarnul és karamellizálódik – ettől finom borostyánszín lesz a szósz. Ezután a húst megszórjuk a fűszerekkel és a liszttel, majd mérsékelt lángon 2-3 percig főzzük, hogy a liszt megpiruljon.

d) Melegítsük elő a sütőt 350 fokra.

e) Öntsük ki a zsírt a serpenyőből, öntsünk bele 2 csésze alaplével vagy húslevessel, és forraljuk fel, majd kaparjuk fel az alvadt barnítólevet. Öntsük a rakott bárányhúsra, és forraljuk fel, és rázzuk össze a rakott húst. Ezután adjuk hozzá a paradicsomot vagy a paradicsompürét, a fokhagymát, a fűszernövényeket és annyi alaplevet vagy húslevest, hogy majdnem ellepje a bárányt.

f) Forraljuk fel, fedjük le a tepsit, és a tűzhely tetején vagy előmelegített sütőben pároljuk lassan 1 órán át. Ezután öntse a rakott edény tartalmát egy serpenyő fölé állított szűrőedénybe.

g) Öblítse ki a serpenyőt. Távolítson el minden laza csontot, és tegye vissza a bárányhúst a rakottba. A serpenyőben zsírozzuk le a szószt, helyesen fűszerezzük, és öntsük vissza a szószt a húsra.
h) Hámozza meg a burgonyát, és vágja körülbelül 1,5 hüvelyk hosszú ovális formákra; hideg vízbe helyezzük. Hámozza meg és negyedelje a sárgarépát és a fehérrépát; $1\frac{1}{2}$ hüvelykes darabokra vágjuk. Hámozzuk meg a hagymát, és szúrjunk keresztet a gyökerek végébe, így egyenletesen sülnek át. Ha kész a bárányhús, a húsdarabok köré és közé nyomkodjuk a rakott zöldségeket, és kenjük meg a szósszal.
i) Forraljuk fel, fedjük le, és főzzük körülbelül egy órán keresztül tovább, vagy amíg a hús és a zöldségek megpuhulnak, ha villával megszúrjuk. Távolítsuk el a zsírt, megfelelő fűszerezéssel, és adjunk hozzá zöld zöldségeket, amelyeket az alábbiak szerint készítettünk el:
j) A borsót és a babot a forrásban lévő sós vízbe tesszük, és fedő nélkül gyorsan forraljuk körülbelül 5 percig, vagy amíg a zöldségek majdnem megpuhulnak. Azonnal csepegtessük le egy szűrőedényben, majd 3 percig folyassuk le hideg vízzel, hogy leálljon a főzés, és színét beállítsa. Tegye félre felhasználásig. (Eddig a pörköltet is elkészítheti. Tegye félre a húst, fedje le ferdén. A receptet a tűzhely tetején pároljuk le.)

SZOLGÁLÓ

k) Nem sokkal tálalás előtt helyezzük a borsót és a babot a tepsibe a többi hozzávalóra, és kenjük meg a habzó mártással.

l) Fedjük le és pároljuk körülbelül 5 percig, amíg a zöld zöldségek megpuhulnak. Tálaljuk a pörköltet a serpenyőjéből, vagy helyezzük el egy forró tálra.
m) Forró francia kenyérrel és vörös Beaujolais-, Bordeaux-i, vagy hegyi vörösborral, vagy hűtött rozéval kísérhetjük.

59. Oie Braisée Aux Pruneaux / Párolt liba aszalt szilva töltelékkel

ÖSSZETEVŐK:
SZILVA ÉS MÁJ TÖLTETÉS
- 40-50 nagy aszalt szilva
- A libamáj, darálva
- 2 ek finomra vágott mogyoróhagyma vagy mogyoróhagyma
- 1 ek vaj
- ⅓ csésze portói bor
- ½ csésze (4 uncia) libamáj vagy konzerv májpaszta
- Csípje meg mindegyik szegfűborsot és kakukkfüvet
- Só, bors
- 3-4 ek száraz fehér kenyérmorzsa

A LIBA ELŐKÉSZÍTÉSE ÉS BARNA
- Egy 9 font főzésre kész liba
- 1 ek só
- Egy serpenyőt

A LIBA SZOPÍTÁSA
- Becsült főzési idő: 2 óra 20-30 perc.
- A liba nyaka, szárnyvégei, zúza és szív
- ½ csésze szeletelt sárgarépát és hagymát
- 2 ek libazsír
- Fedett pörkölő éppen akkora, hogy el tudja tartani a libát
- ½ csésze liszt
- 2 csésze vörösbor (például Beaujolais, Médoc vagy California Mountain Red)
- Só
- 1 ek zsálya
- 2 gerezd fokhagyma
- 4-6 csésze marhahúsleves vagy húsleves

UTASÍTÁS:

a) Dobja az aszalt szilvát forrásban lévő vízbe, és áztassa 5 percig, vagy amíg megpuhul. A lehető legtisztábban távolítsa el a gödröket. A libamájat és a medvehagymát vagy mogyoróhagymát forró vajban 2 percig pároljuk; keverőtálba kaparjuk. Gyorsan forraljuk fel a portói bort egy serpenyőben, amíg 1 evőkanálra csökken; keverőtálba kaparjuk. Belekeverjük a libamáj- vagy májpépbe, a szegfűborsot és a kakukkfüvet, és ízlés szerint fűszerezzük. Ha szükséges, kanálonként verjük bele a zsemlemorzsát, amíg a keverék elég szilárd lesz a töltelékhez. Hajtson $\frac{1}{2}$ teáskanálnyit minden aszalt szilvába.
b) Vágja ki a keresztlengőkarokat (a könnyebb faragáshoz), vágja le a szárnyakat a könyökénél, és húzza le a zsírt a liba belsejéből. Dörzsölje be az üreget sóval, lazán töltse meg aszalt szilvával és rácsos rácsra. Szúrja meg a bőrt $\frac{1}{2}$ hüvelykes időközönként a mellek, a combok és a hát körül. Tedd a libát egy serpenyőbe, és közepesen forró broiler alatt süsd meg, gyakran forgatva kb. 15 percig, szükség szerint eltávolítva a serpenyőből a felgyülemlett zsírt.
c) Melegítsük elő a sütőt 350 fokra.
d) Vágja fel a belsőségeket 1 hüvelykes darabokra, szárítsa meg, és a zöldségekkel együtt süsse meg forró libazsírban, közepes lángon.
e) Csökkentse a lángot, keverje hozzá a lisztet, és keverés közben főzze 3 percig, hogy enyhén barnuljon. Vegyük le a tűzről; keverjük hozzá a bort. A libát megsózzuk, és az oldalára helyezzük a pecsenyesütőbe. Adjunk hozzá zsályát, fokhagymát és annyi marhahúslevest vagy húslevest, hogy a liba feléig érjen.

f) Forraljuk fel, fedjük le, és tegyük be az előmelegített sütő alsó harmadába. Szabályozza a hőt, hogy a folyadék lassan forrjon a főzés során; 1 óra alatt fordítsa a libát a másik oldalára, 2 óra múlva a hátára.
g) A lúd akkor kész, amikor a alsócomb enyhén megmozdul a üregekben, és amikor a leghúsosabb részét átszúrják, a lé halványsárgára fut. Ne főzzük túl.

SZÓSZ ÉS TÁLAG

h) A libát lecsöpögtetjük, és forró tálra tesszük; vágja le és dobja el a rácsos húrokat. Annyi zsírt lefölözni, amennyit csak tud a párolószószról; több csésze is lesz, amit megtakaríthat krumpli, csirke pirítására vagy sültek sütésére.
i) Körülbelül 4 csésze szószt öntsön egy szűrőn keresztül egy serpenyőbe, és ismét távolítsa el a zsírt. Forraljuk fel, lefölözzük, és alaposan fűszerezzük. Egy kis szószt kanalazunk a libára, a maradékot pedig egy forró mártásos tálba öntjük.
j) Párolt hagymával és gesztenyével, vagy kelbimbóval és burgonyapürével tálaljuk; Vörös burgundi bor.

60. Rognons De Veau En Casserole / Kidneys in Butter

ÖSSZETEVŐK:

- 4 ek vaj
- Egy nehéz serpenyő, éppen akkora, hogy a veséket kényelmesen egy rétegben tartsa
- 3-4 borjúvese vagy 8-12 bárányvese
- 1 ek darált mogyoróhagyma vagy mogyoróhagyma
- $\frac{1}{2}$ csésze száraz fehér vermut
- 1 ek citromlé
- $1\frac{1}{2}$ ek elkészített dijoni mustár 3 ek lágy vajjal pépesítve
- Só, bors

UTASÍTÁS:

A vajat felforrósítjuk, és amikor a hab kezd apadni, a veséket megforgatjuk a vajban, majd fedő nélkül, percenként-két percenként megforgatjuk. A hőt úgy szabályozzuk, hogy a vaj forró legyen, de ne barnuljon meg. A vesékből egy kis lé fog kifolyni. A veséknek meg kell merevedniük, de nem kell keményedniük; kicsit barnulniuk kell, és szeletelve a közepén rózsaszínűnek kell lenniük. Időzítés: körülbelül 10 perc borjúvesék esetében; 5, bárányvesére. Távolítsa el a veséket egy tányérra.

A serpenyőben lévő vajhoz keverjük a medvehagymát vagy a hagymát, és 1 percig főzzük. Adjunk hozzá vermutot és citromlevet. Gyorsan forraljuk, amíg a folyadék mennyisége körülbelül 4 evőkanálra csökken. Vegyük le a tűzről, és forgassuk bele a mustáros vajat, valamint egy csipetnyi sót és borsot. Vágja a vesét keresztben, $\frac{1}{2}$ hüvelyk vastag szeletekre. Sózzuk, borsozzuk, és a levével együtt a serpenyőbe öntjük.

Közvetlenül tálalás előtt rázzuk fel, és mérsékelt tűzön dobjuk egy-két percig, hogy felforródás nélkül felmelegedjen.

Nagyon forró tányérokon tálaljuk. Ha inkább főételnek használjuk, mint forró előételnek, vajban pirított burgonyával, párolt hagymával és egy vörös burgundi borral kísérjük.

61. Rognons de Veau Flambés / Sautéed Kidneys Flambé

ÖSSZETEVŐK:
- Egy nehéz serpenyő, amely elég nagy ahhoz, hogy veséket tartson
- 3-4 borjúvese vagy 8-12 bárányvese
- 4 ek vaj
- ⅓ csésze konyak
- ½ csésze marhahúsleves 1 tk kukoricakeményítővel keverve
- ⅓ csésze Sercial Madeira vagy portói bor
- ½ lb. szeletelt gomba, előzőleg vajban megpirítva 1 ek darált mogyoróhagymával vagy medvehagymával
- 1 csésze nehéz tejszín
- Só, bors
- ½ ek elkészített dijoni mustár 2 ek lágy vajjal és ½ teáskanál Worcestershire szósszal keverve

UTASÍTÁS:
Az előző recept szerint az egész vesét megpirítjuk a vajban. Ha az asztalnál fejezi be, hozza a pirított vesét a dörzsölt edénybe.

Öntse a konyakot a vesére. Melegítse buborékossá, fordítsa el az arcát, és gyújtsa meg a folyadékot egy meggyújtott gyufával. Rázza fel a serpenyőt, és kenje meg a veséket lángoló folyadékkal, amíg a tűz alábbhagy. Távolítsa el a veséket egy tányérra vagy faragványra.

Öntsük a marhahúslevest és a bort a serpenyőbe; pár percig forraljuk, amíg csökken és besűrűsödik. Adjuk hozzá a gombát és a tejszínt, és forraljuk még néhány percig; a szósznak elég sűrűnek kell lennie ahhoz, hogy egy kanalat enyhén bevonjon. Óvatosan sózzuk, borsozzuk. Vegyük le a tűzről, és forgassuk bele a mustáros keveréket.

Vágja a veséket keresztben ½ hüvelyk vastagságú szeletekre, és enyhén sóval és borssal ízesítse. Tegye vissza a veséket és a gyümölcsleveket a serpenyőbe. Rázzuk fel és dobjuk fel a tűzre, hogy a vesék forralás nélkül átmelegedjenek. Nagyon forró tányérokon tálaljuk.

62. Carbonnade De Boeuf a La Provençale

ÖSSZETEVŐK:

- 3 font. chuck steak körülbelül $3\frac{1}{2}$ x 2 x $\frac{3}{8}$ hüvelyk szeletekre vágva

A PÁRACÍTÁS

- $\frac{1}{4}$ csésze borecet
- 1 ek olívaolaj
- 2 nagy gerezd fokhagyma, meghámozva és felaprítva
- $\frac{1}{8}$ teáskanál bors
- 2 tk sót
- $\frac{3}{4}$ tk sós
- $\frac{3}{4}$ teáskanál kakukkfű

A HAGYMA

- Nem kötelező, de hagyományos: 4 uncia (körülbelül ⅔ csésze) friss sertéshús melléket vagy zsíros-sovány szelet friss sertéshúsból
- Egy nehéz serpenyő
- 1-3 ek olívaolaj
- 5-6 csésze szeletelt hagyma

SÜTÉS

- 6 literes lángálló serpenyő
- 7-8 csésze szeletelt univerzális burgonya
- Só, bors
- Marhahúsleves
- $\frac{1}{4}$ csésze parmezán sajt (az utolsó lépéshez)

UTASÍTÁS:

a) Keverje össze a pácot egy mázas, üveg- vagy rozsdamentes acél tálban. Fordítsuk meg és kenjük meg a húst a folyadékkal, fedjük le, és tegyük hűtőbe 6 órára vagy egy éjszakára, többször megforgatva a húst.

b) Vágja az opcionális sertéshúst 1 hüvelykes, körülbelül $\frac{1}{4}$ hüvelyk vastagságú darabokra. Lassan pirítsuk meg egy

evőkanál olajon, hogy a zsír feloldódjon, és nagyon enyhén pirítsuk meg. (Ha kihagyjuk a sertéshúst, öntsünk 3 evőkanál olajat a serpenyőbe.) Keverjük hozzá a hagymát, fedjük le szorosan, és lassan főzzük körülbelül 20 percig, időnként megkeverve, amíg a hagyma megpuhul és éppen kezd barnulni.
c) Melegítsük elő a sütőt 350 fokra.
d) A húst leszűrjük, sóval, borssal ízesítjük. Váltott réteg hagymát és húst rakott. Öntsük bele a pác hozzávalóit, majd helyezzünk el a tetejére burgonyaszeleteket, mindegyiket sózzuk és borsozzuk. Öntsünk bele annyi erőlevest, hogy ellepje a húst; forraljuk fel a tűzhely tetején.
e) Fedjük le a serpenyőt, és tegyük az előmelegített sütő középső szintjére kb. 1 órára, vagy amíg villával megszúrjuk a húst majdnem puha. Az időzítés a hús minőségétől függ; körülbelül fél órával tovább főz az utolsó lépésben.
f) Emeljük fel a sütő hőjét 425 fokra. Tippelje meg a rakott tésztát, és kanalazzuk ki a felgyülemlett zsírt. A burgonyára szórjuk a parmezán sajtot, és meglocsoljuk egy-két kanál főzőfolyadékkal. (Ha ezt megelőzően megtette, fedetlenül tegye félre. A folytatás előtt melegítse fel lassú tűzhöz.)
g) Helyezze a fedetlen tepsit a 425 fokos sütő felső harmadába, és süsse körülbelül 30 percig, hogy a burgonya teteje megbarnuljon, és a főzőfolyadék csökkentse és besűrűsödjön. Rakottból tálaljuk.

63. Daube De Boeuf a La Provençale

ÖSSZETEVŐK:
- 3 font. chuck steak 2½ hüvelykes, 1 hüvelyk vastag négyzetekre vágva

A PÁRACÍTÁS
- 2 ek olívaolaj
- 1½ csésze száraz fehér vermut
- ¼ csésze brandy vagy gin
- 2 tk sót
- ¼ teáskanál bors
- ½ teáskanál kakukkfű vagy zsálya
- 1 babérlevél
- 2 gerezd megpucolt és felaprított fokhagyma
- 2 csésze vékonyra szeletelt sárgarépa
- 2 csésze vékonyra szeletelt hagyma
- Pácold be a marhahúst az előző recept szerint.

ÖSSZESZERELÉS
- 6 literes lángálló serpenyő
- Só, bors, liszt
- 1½ csésze kemény, érett paradicsom, meghámozva, kimagozva, levéből kinyomva és apróra vágva
- 1½ csésze szeletelt friss gomba
- Opcionális: körülbelül 8 szelet, ¼ hüvelyk vastag, friss sertéshús; vagy zsíros-sovány szeleteket egy friss sertés csikkből
- Szükség esetén marhahúsleves

UTASÍTÁS:
a) A pácot lekaparjuk, a húst enyhén sóval, borssal ízesítjük, majd lisztbe forgatjuk és viaszpapírra tesszük. Öntsük le a pácfolyadékot egy tálba; a paradicsomot és a gombát pácolt zöldségekkel dobjuk fel.

b) Helyezzen néhány csík opcionális sertéshúst a rakott aljára, és fedje be a vegyes zöldség egyharmadával. Ezután felváltva hús- és zöldségrétegekkel borítsuk be a zöldségek felső rétegét tetszőleges sertéshússzeletekkel. Öntsük hozzá a pácfolyadékot.

FŐZÉS ÉS SZOLGÁLAT

c) Fedjük le a serpenyőt, tegyük közepes lángra, és pároljuk körülbelül 15 percig. Ha a zöldségekből nem lett annyi folyadék, hogy majdnem ellepje a húst, adjunk hozzá egy kis erőlevest. Fedjük le, és főzzük lassú tűzön 1,5-2 órán keresztül, vagy amíg a hús megpuhul, ha villával megszúrjuk.

d) A rakott ételt megdöntjük, a zsírt lefölözzük, és ízesítjük. Ha a folyadék nem csökkent és nem sűrűsödött, csepegtessük le egy serpenyőbe, és sűrítsük be egy evőkanál húslevessel elkevert kukoricakeményítővel.

e) Forraljuk 2 percig, majd öntsük a serpenyőbe. (Ha nem tálaljuk azonnal, fedetlenül hűtsük le, majd fedjük le és tegyük hűtőbe. Tálalás előtt 5 percig pároljuk lefedve.)

VÉGSŐ PROVENÇAL FILLIP

f) A további íz érdekében vágjon fel vagy pürésítsen 2 gerezd fokhagymát, és tegye egy tálba 3-4 evőkanál lecsepegtetett kapribogyóval. Dörzsöld vagy pépesítsd, majd üss bele 3 evőkanál erős dijoni típusú mustárt.

g) Fokozatosan keverjünk bele 3 evőkanál olívaolajat, hogy sűrű mártást kapjunk; keverj hozzá $\frac{1}{4}$ csésze darált friss bazsalikomot vagy petrezselymet. Közvetlenül tálalás előtt keverjük a kész tésztához.

64. Potage Parmentier / Póréhagyma vagy Hagyma és burgonya leves

ÖSSZETEVŐK:
ELŐZETES FŐZÉS
- 3-4 literes fazék vagy gyorsfőző
- 3-4 csésze hámozott burgonya szeletelve vagy kockára vágva
- 3 csésze vékonyra szeletelt póréhagyma vagy sárgahagyma
- 2 liter víz
- 1 ek só

VÉGSŐ DÚSÍTÁS
- ⅓ csésze nehéz tejszín vagy 2-3 ek lágyított vaj
- 2-3 ek darált petrezselyem vagy metélőhagyma

UTASÍTÁS:
a) Vagy pároljuk együtt a zöldségeket, a vizet és a sót, részben lefedve 40-50 percig, amíg a zöldségek megpuhulnak; vagy főzzük 15 kilós nyomáson 5 percig, engedjük le a nyomást, és fedő nélkül pároljuk 15 percig, hogy kialakuljon az íz.

b) A levesben lévő zöldségeket villával pépesítjük, vagy a levest átforgatjuk egy malomban. Helyes fűszerezés.

c) Közvetlenül tálalás előtt tegyük félre fedetlenül, majd forraljuk fel újra.

d) Közvetlenül tálalás előtt vegyük le a tűzről, és kanalanként keverjük hozzá a tejszínt vagy a vajat.

e) Töltsd leveses csészékbe, és díszítsd fűszernövényekkel.

65. Velouté De Volaille a La Sénégalaise

ÖSSZETEVŐK:

- 4 ek vaj
- Egy vastag fenekű 3-4 literes serpenyő
- 1 TB curry por
- 4-8 ek liszt (a burgonya mennyiségétől függően)
- 5-6 csésze baromfi alaplé

OPCIONÁLIS FŐTT HOZZÁVALÓK

- Burgonyapüré, tejszínes hagyma, brokkoli, uborka, sárgarépa, borsó, spárgacsúcsok
- ½ csésze (több-kevesebb) kemény tejszín
- Körülbelül 1 csésze kockára vágott vagy vékonyra szeletelt főtt pulykahús
- 4 ek friss darált petrezselyem vagy metélőhagyma, vagy 2 ek darált cseresznye vagy tárkony

UTASÍTÁS:

Olvasszuk fel a vajat a serpenyőben. Hozzákeverjük a curryport és lassan 1 percig főzzük. (Ha nincs főtt hagymája, adjon hozzá ½ csésze nyers darált hagymát, és pirítás nélkül pirítsa kb. 10 percig.) Keverje hozzá a lisztet, és főzze lassan 2 percig. Levesszük a tűzről, hagyjuk egy kicsit hűlni, majd dróthabverővel erőteljesen beleforgatjuk a forró szárnyaslét. Habverővel kevergetve pároljuk 1 percig. Ha főtt hagymát használ, vágja apróra, és adja a leveshez; ha burgonyapürét használunk, egy-egy evőkanálban verjük addig, amíg a leves olyan sűrű nem lesz, amennyire szeretnénk. A tejszínt kanalanként keverjük hozzá, lassan pároljuk, majd óvatosan fűszerezzük ízlés szerint. Keverje hozzá a pulykahúst, az opcionális zöldségeket és a fűszernövényeket, és közvetlenül tálalás előtt forralja fel ismét. (Ha nem tálaljuk azonnal, vagy ha hidegen tálaljuk, fóliázzuk le a leves tetejét alaplével vagy tejszínnel, hogy megakadályozzuk a bőrképződést. Hűtsük le, ha hidegen tálaljuk; érdemes lehet több tejszínt is belekeverni, és minden edénybe több frisset teszünk. gyógynövények.)

SALÁTÁK ÉS KÖRETEK

66. Mimóza saláta / Saláta vinaigrette-vel, szitált tojással és fűszernövényekkel

ÖSSZETEVŐK:

- Hámozott kemény tojás szitán
- 2-3 tb friss zöldfűszer vagy petrezselyem
- Só, bors
- Boston nagy feje
- saláta vagy zöldek keveréke, elválasztva, megmosva és szárítva
- Egy saláta tál
- $1/3$-$\frac{1}{2}$ csésze vinaigrette

UTASÍTÁS:

Nyomd át a tojást a szitán az ujjaiddal; megszórjuk a fűszernövényekkel, ízlés szerint sózzuk, borsozzuk. Közvetlenül tálalás előtt öntsd a saláta tálba az öntettel, és szórd meg a tojásos-fűszeres keverékkel.

67. Pommes De Terre a l'Huile / Francia burgonyasaláta

ÖSSZETEVŐK:

8-10 közepes "forrásban lévő" burgonya (körülbelül 2 font)
3 literes keverőtál
2 ek száraz fehérbor vagy száraz fehér vermut
2 ek csirke húsleves
½ csésze vinaigrette
2 ek darált mogyoróhagyma vagy mogyoróhagyma
3 ek darált petrezselyem

UTASÍTÁS:

Főzzük vagy pároljuk a burgonyát a kabátjában, amíg megpuhul. Hámozzuk meg és szeleteljük még melegen. Óvatosan dobd bele a keverőedénybe a borral és a húslevessel, majd pár perc múlva forgasd újra. Amikor a burgonya felszívta a folyadékot, dobja rá a vinaigrettet, a medvehagymát vagy a mogyoróhagymát és a petrezselymet.

Ez a saláta finom melegen, forró kolbásszal tálalva, de hűtve is tálalhatja úgy, ahogy van, vagy ½ csésze majonézzel hajtogatva.

68. Niçoise saláta

ÖSSZETEVŐK:

3 csésze korábban főtt zöldbab egy tálban
3 negyedbe vágott paradicsom egy tálba
$\frac{3}{4}$-1 csésze vinaigrette
1 fej bostoni saláta, szétválasztva, megmosva és szárítva
Egy nagy salátástál vagy sekély edény
3 csésze hideg francia burgonyasaláta (előző recept)
$\frac{1}{2}$ csésze kimagozott fekete olajbogyó, lehetőleg száraz mediterrán típusú
3 kemény tojás hidegen, meghámozva és negyedelve
12 db konzerv szardellafilé lecsepegtetve, laposan vagy kapribogyóval feltekerve
Körülbelül 1 csésze (8 uncia) konzerv tonhal, lecsepegtetve

UTASÍTÁS:

Dobja a salátaleveleket a salátástálba $\frac{1}{4}$ csésze vinaigrette-vel, és helyezze a leveleket a tál köré.

Tegye a burgonyát egy tál aljába, díszítse babbal és paradicsommal, szórja meg őket tonhal, olajbogyó, tojás és szardella mintával.

A maradék öntetet a salátára öntjük, fűszernövényekkel megszórjuk, és tálaljuk.

69. Gratin Dauphinois / Scalloped Potatoes au Gratin

ÖSSZETEVŐK:

2 font. "főtt" burgonya, meghámozva
1 csésze tej
6 csésze lángálló tepsi, 2 hüvelyk mély
1 kis gerezd zúzott fokhagyma
1 teáskanál só
⅛ teáskanál bors
3-4 ek vaj

UTASÍTÁS:

A sütőt előmelegítjük 425 fokra.
A burgonyát ½ hüvelyk vastagra szeleteljük, és egy tál hideg vízbe tesszük. A tejet egy tepsiben felforraljuk fokhagymával, sóval, borssal. A burgonyát lecsöpögtetjük, a forrásban lévő tejhez adjuk, és vajat osztunk rá. Előmelegített sütő középső szintjén kb 25 percig sütjük, amíg a tej felszívódik, a burgonya megpuhul és a teteje megpirul. (Ha nem tálaljuk azonnal, tartsa melegen, fedetlenül, és adjon hozzá egy kis tejet, ha a burgonya száraznak tűnik.)
Sülttel, steakekkel vagy szeletekkel tálaljuk.

70. Gratin De Pommes De Terre Et Saucisson

ÖSSZETEVŐK:

3 csésze szeletelt, előzőleg főtt burgonya (kb. 1 font)
1 csésze darált hagyma, előzőleg vajban megfőzve
$\frac{1}{2}$ lb. szeletelt lengyel kolbász
Enyhén kivajazott tepsi vagy pitelap, 8 hüvelyk átmérőjű és 2 hüvelyk mély
3 tojás
$1\frac{1}{2}$ csésze könnyű tejszín
$\frac{1}{4}$ teáskanál só
$\frac{1}{8}$ teáskanál bors
$\frac{1}{4}$ csésze reszelt svájci sajt
1 ek vaj

UTASÍTÁS:

A sütőt előmelegítjük 375 fokra.
A tepsibe rakjuk a burgonyát, a hagymát és a kolbászt. A tojásokat, tejszínt, sót, borsot egy tálban összekeverjük, tepsibe öntjük, megszórjuk sajttal, és meglocsoljuk a vajjal. Az előmelegített sütő felső harmadában 30-40 percig sütjük, amíg a teteje szépen megpirul.
Ebéd vagy vacsora főételként tálaljuk.

71. Purée De Pommes De Terre a l'Ail

ÖSSZETEVŐK:
A FOKHAGYMASZÓSZ
2 fej fokhagyma, kb 30 gerezd

4 ek vaj

Egy 3-4 csésze fedett serpenyő

2 ek liszt

1 csésze forró tej

¼ teáskanál só és egy csipet bors

KEVERÉSE A burgonyával
2½ font. sütőburgonya

4 ek vaj

Só, bors

3-4 ek nehéz tejszín

¼ csésze darált friss petrezselyem

UTASÍTÁS:
Válasszuk szét a fokhagymagerezdeket, és csepegtessük forrásban lévő vízbe; 2 percig forraljuk, leszűrjük és meghámozzuk. Ezután a vajban, lefedett serpenyőben lassan 20 percig főzzük a fokhagymát, amíg nagyon puha, de egyáltalán nem barnul meg. Belekeverjük a lisztet, lassan 2 percig főzzük. Levesszük a tűzről, felverjük a forró tejjel és a fűszerekkel, és kevergetve 1 percig forraljuk. Ha nem használja fel azonnal, tegye félre és melegítse fel később.

Hámozzuk meg és negyedeljük a burgonyát. Sós vízben forraljuk fel, vagy pároljuk puhára; egy riceren keresztül tedd egy nehéz serpenyőbe. Közepes lángon rövid ideig addig kevergetjük, amíg a burgonya nem fedi a serpenyő alját, majd belekeverjük a vajat, ízlés szerint sózzuk és borsozzuk. Tálalásig tartsa fedetlenül, forrásban lévő víz felett – de minél hamarabb tálalják, annál jobb. Közvetlenül az ebédlőbe való belépés előtt dörzsölje át a fokhagymát egy szitán a burgonyába; belekeverjük a tejszínt és a petrezselymet, majd forró, vajas tálalótálba forgatjuk.

72. Concombres Persillés, Ou a La Crème / Krémes uborka

ÖSSZETEVŐK:

AZ Uborka MACERÁLÁSA

6 kb 8 hüvelyk hosszú uborka
2 ek borecet
1½ teáskanál só
⅛ tk cukor

FŐZÉS

2-3 ek vaj
Egy nagy, vastag fenekű zománcozott serpenyő vagy serpenyő
Só, bors
2 ek darált mogyoróhagyma vagy mogyoróhagyma
Opcionális: 1 csésze kemény tejszínt félig párolva egy kis serpenyőben
3 ek friss darált petrezselyem

UTASÍTÁS:

Az uborkát meghámozzuk, hosszában félbevágjuk, a magokat egy teáskanállal kikanalazzuk. Vágja hosszirányban körülbelül ⅜ hüvelyk széles csíkokra, majd vágja a csíkokat 2 hüvelykes darabokra. Dobd egy tálba az ecettel, sóval és cukorral, és hagyd állni legalább 20 percig. Lecsepegtetjük, és papírtörlőben szárítjuk közvetlenül felhasználás előtt.

A vajat felforrósítjuk a serpenyőben vagy a serpenyőben. Adjuk hozzá az uborkát és a mogyoróhagymát vagy a mogyoróhagymát; lassan, gyakran feldobva főzzük körülbelül 5 percig, amíg az uborka lágyan ropogós lesz, de nem barnul meg. Közvetlenül tálalás előtt kenjük meg a tejszínnel és a petrezselyemmel. Forró edénybe forgatjuk.

73. Navets a La Champenoise / fehérrépa és hagyma rakott

ÖSSZETEVŐK:
- 2½ font. sárga fehérrépa vagy rutabaga (körülbelül 8 csésze kockára vágva)
- ⅔ csésze finomra vágott zsíros és sovány friss sertéshús vagy sertéshús; vagy 3 ek vaj vagy étolaj
- ⅔ csésze finomra vágott hagyma
- 1 ek liszt
- ¾ csésze marhahúsleves
- ¼ teáskanál zsálya
- Só, bors
- 2-3 ek frissen darált petrezselyem

UTASÍTÁS:
Hámozza meg a fehérrépát, vágja negyedekre, majd ½ hüvelykes szeletekre; vágjuk a szeleteket ½ hüvelykes csíkokra, a csíkokat pedig ½ hüvelykes kockákra. Forrásban lévő sós vízbe tesszük, és fedő nélkül 3-5 percig, vagy enyhén puhára főzzük. Csatorna.

Ha sertéshúst használ, lassan pároljuk egy 3 literes serpenyőben, amíg nagyon enyhén megpirul; ellenkező esetben a serpenyőbe adjuk a vajat vagy az olajat. Keverje hozzá a hagymát, fedje le, és pirítsa meg lassan 5 percig. Belekeverjük a lisztet és lassan 2 percig főzzük. Levesszük a tűzről, beleütjük a húslevest, visszatesszük a tűzre, és lassú tűzön felforraljuk. Hozzáadjuk a zsályát, majd beleforgatjuk a karalábét. Ízlés szerint sózzuk, borsozzuk. Fedjük le a serpenyőt, és lassú tűzön pároljuk 20-30 percig, vagy amíg a fehérrépa megpuhul. Ha a szósz túl folyékony, fedje le, és lassan forralja néhány percig, amíg a folyadék lecsökken és besűrűsödik. Helyes fűszerezés. (Előre is főzhető. Fedő nélkül hűtsük le; tálalás előtt fedjük le és pároljuk pár pillanatig.)

Tálaláskor beleforgatjuk a petrezselymet, és forró tálalótálba forgatjuk.

74. Spárga

ÖSSZETEVŐK:

1 doboz fagyasztott vágott spárga
2 ek só
2 ek vaj egy serpenyőben
Só, bors

UTASÍTÁS:

Hagyja a spárgát felolvadni, amíg a darabok el nem válnak egymástól. Ezután csepegtessük 4 liter gyorsan forrásban lévő vízbe. Adjunk hozzá 2 evőkanál sót, gyorsan forraljuk vissza, és fedő nélkül forraljuk 3-4 percig, amíg a spárga már alig puhul. Csatorna. Ha nem kívánja azonnal tálalni, öntsön hideg vizet a spárgára, hogy leállítsa a főzést, és állítsa be a friss színt és állagot. Néhány perccel tálalás előtt óvatosan dobjon bele 2 evőkanál forró vajat a főzés befejezéséhez. Ízlés szerint sózzuk, borsozzuk.

75. Artichauts Au Naturel / Egész főtt articsóka

ÖSSZETEVŐK:
- Articsóka

UTASÍTÁS:
FŐZÉS ELŐKÉSZÍTÉSE
a) Egyszerre egy articsóka, távolítsa el a szárat úgy, hogy az articsóka tövénél meghajlítja, amíg a szár le nem pattan, majd a tövénél törje le az apró leveleket. Vágja le az alapot egy késsel, hogy az articsóka szilárdan álljon.

b) Végül fektessük az articsókát az oldalára, és szeleteljük le háromnegyed hüvelyknyire a tetejéről; ollóval vágja le a megmaradt levelek pontjait.

c) Mossa le hideg folyó víz alatt, és dobja bele egy hideg vízbe, amely literenként 1 evőkanál ecetet tartalmaz. Az ecet megakadályozza, hogy az articsóka elszíneződjön főzés előtt.

FŐZÉS
d) Merítse az előkészített articsókát egy nagy, gyorsan forrásban lévő sós vízforralóba, és terítsen rájuk dupla réteg mosott sajtkendőt, hogy a kitett részek nedvesek maradjanak főzés közben. Fedő nélkül, lassú forrásban főzzük 35-45 percig, mérettől függően.

e) Az articsóka akkor kész, amikor az alsó levelek kihúzódnak – próbaképpen egyen egyet: az alsó fél hüvelyk legyen puha – és amikor egy kés könnyen átszúrja az alját. Azonnal vegyük ki, és fejjel lefelé egy szűrőedényben csepegtessük le.

KISZOLGÁLÁS ÉS ETKEZÉS
f) Állítsa fel az articsókát, és tálalja saláta méretű, körülbelül 8 hüvelyk átmérőjű tányérokban vagy speciális articsóka tányérokban. Az articsóka elfogyasztásához húzzon le egy levelet, és tartsa a hegyét az ujjaiban.

Mártsuk a levél alját olvasztott vajba vagy valamelyik javasolt szószba, majd kaparjuk le a zsenge húsát a fogai között.

g) Amikor átmész a leveleken, a fenékre érsz, amit késsel és villával eszel meg, miután lekapartad és eldobtad a fojtást vagy a szőrös középső növedéket, ami azt fedi.

SZÓSZOK

h) Olvasztott vaj, citromvaj vagy hollandi forró vagy meleg articsókához; vinaigrette (francia öntet), mustáros szósz vagy majonéz hideg articsókához.

76. lecsó

ÖSSZETEVŐK:
ELŐZETES SÓZÁS
- ½ lb. Padlizsán
- ½ lb. cukkini
- 3 literes keverőtál
- 1 teáskanál só

SZÁRÍTÁS
- 4 vagy több ek olívaolaj
- 10-12 hüvelykes zománcozott vagy tapadásmentes serpenyő
- ½ lb. (1½ csésze) szeletelt hagyma
- 1 csésze szeletelt zöldpaprika (kb. 2 paprika)
- 2 gerezd zúzott fokhagyma
- Só, bors
- 1 font paradicsom, meghámozva, kimagozva és levében (1½ csésze pép), vagy 1 csésze lecsepegtetett körte alakú konzerv paradicsom
- 3 ek darált petrezselyem

ÖSSZESZERELÉS ÉS SÜTÉS
- Egy 2,5 literes, 2 hüvelyk mélységű lángálló serpenyő

UTASÍTÁS:
a) A padlizsánt meghámozzuk, és hosszában ⅜ hüvelyk vastag szeletekre vágjuk. A cukkinit hideg víz alatt megdörzsöljük, két végét levágjuk és kidobjuk, majd hosszában, ⅜ hüvelyk vastagságú darabokra szeleteljük. A zöldségeket egy tálba sózzuk, és 30 percig állni hagyjuk. csatorna; törölközőben szárítjuk.

b) A serpenyőben olívaolajat hevítünk, majd a padlizsán- és cukkiniszeleteket mindkét oldalukon enyhén barnára pirítjuk. Távolítsa el a körethez. Ha szükséges, adjunk hozzá még olajat, majd a hagymát és a paprikát lassan puhára főzzük. Keverjük hozzá a fokhagymát, és ízesítsük sóval, borssal. A paradicsompépet csíkokra szeleteljük, és a hagymára és a paprikára helyezzük.

c) Fedjük le a serpenyőt és főzzük 5 percig, majd fedjük le, emeljük fel a hőt, és forraljuk néhány percig, amíg a paradicsomlé szinte teljesen el nem párolog. Ízesítsük sóval és borssal; petrezselyemzöldbe hajtjuk.

d) A paradicsomos keverék egyharmadát kanalazzuk a tepsi aljába. Rendezzük rá a padlizsán és a cukkini felét, majd a maradék paradicsom felét. Befedjük a maradék padlizsánnal és cukkinivel, valamint a paradicsomos keverék utolsó darabjával. Fedjük le az edényt, és lassú tűzön pároljuk 10 percig. Fedjük le, borítsuk meg a serpenyőt, és kenjük meg a kiolvasztott levekkel, és ha szükséges, javítsuk a fűszerezést. Enyhén emelje fel a hőt, és lassan forralja, amíg a lé szinte teljesen el nem párolog.

e) Forrón tálaljuk sültekhez, steakekhez, hamburgerekhez, sült halhoz.

f) Tálaljuk hidegen felvágottakhoz és halakhoz, vagy hideg előételként.

77. Muszaka

ÖSSZETEVŐK:
A PADLIZSÁN ELŐZETES SÓZÁSA ÉS SÜTÉSE
- 5 font. padlizsán (4-5 padlizsán, mindegyik 7-8 hüvelyk hosszú)
- 1 ek só
- 2 ek olívaolaj
- Egy sekély sütőedény
- 1 ek olívaolaj
- 3 literes keverőtál

ÖSSZESZERELÉS ÉS SÜTÉS
- Enyhén olajozott hengeres 2 literes sütőtál, $3\frac{1}{2}$-4 hüvelyk mély és 7 hüvelyk átmérőjű
- $2\frac{1}{2}$ csésze őrölt főtt bárány
- ⅔ csésze darált hagyma, előzőleg vajban megfőzve
- 1 csésze darált gomba, előzőleg vajban megfőzve
- 1 teáskanál só
- ⅛ teáskanál bors
- ½ teáskanál kakukkfű
- ½ teáskanál őrölt rozmaring
- 1 kis gerezd zúzott fokhagyma
- ⅔ csésze marhahúsleves vagy húsleves 2 percig párolva ½ TB kukoricakeményítővel
- 3 TB paradicsompüré
- 3 tojás (amerikai „nagy" minősítésű)
- Egy serpenyőben forrásban lévő víz
- Egy tálaló edény

UTASÍTÁS:
a) A sütőt előmelegítjük 400 fokra.
b) Távolítsa el a zöld sapkát, és vágja félbe a padlizsánt hosszában; mindkét felének húsába mély lyukakat vágunk. Megszórjuk sóval, és 30 percig állni hagyjuk. Csavarja ki

a vizet, szárítsa meg a húsos oldalát, és kenje meg olívaolajjal.
c) Öntsünk ½ hüvelyk vizet egy serpenyőbe, adjuk hozzá a padlizsánt, húsával felfelé, és süssük 30-40 percig előmelegített sütőben, vagy amíg megpuhul. Vágja ki a húst, és hagyja érintetlenül a padlizsán héját (kanalat vagy grapefruit kést használjon).
d) A húst felaprítjuk, és forró olívaolajon egy-két percig pároljuk. Keverőtálba forgatjuk.
e) A penészt padlizsánhéjjal béleljük ki, hegyes végei a penész közepén-alján találkoznak, a lila oldalak a penész ellen. Az összes fenti hozzávalót az apróra vágott padlizsánhoz keverjük, bélelt formába forgatjuk, és a lelógó padlizsánhéjakat a felületére hajtjuk. Fedjük le alufóliával és fedővel. Forró vízben, 375 fokos sütőben másfél órán át sütjük. 10 percig hagyjuk hűlni, majd tálalótálra szedjük.
f) Forrón tálaljuk paradicsomszósszal, párolt rizzsel, francia kenyérrel és rozé borral.
g) Tálaljuk hidegen paradicsomsalátával, francia kenyérrel és rozé borral.

78. Laitues Braisées / Párolt saláta

ÖSSZETEVŐK:
- 2 közepes fej bostoni saláta;
- 1 fej escarole vagy cikória

MOSÁS
- Egy nagy vízforraló, amely 7-8 liter forrásban lévő vizet tartalmaz
- 1½ teáskanál só liter vízhez
- Só, bors

SZEMLŐ
- 6 fej cikória vagy escarole; 12 fej bostoni saláta
- 12 hüvelykes lángálló serpenyő fedéllel
- 6 vastag szelet szalonna, előzőleg 10 percig pároljuk 2 liter vízben, majd leszűrjük
- 2 ek vaj
- ½ csésze szeletelt hagyma
- ½ csésze szeletelt sárgarépa
- Opcionális: ½ csésze száraz fehér vermut
- Körülbelül 2 csésze marhahúsleves

SZÓSZ ÉS TÁLAG
- Forró tálalótál
- 1 tk kukoricakeményítő 1 tb vermuttal vagy hideg húslevessel keverve
- 1 ek vaj

UTASÍTÁS:
a) Vágja le a saláta szárát, és távolítsa el a fonnyadt leveleket. A salátát a szár végénél tartva óvatosan pumpálja fel és le egy hideg vízben, hogy eltávolítsa az összes szennyeződést.

b) Mártson 2 vagy 3 fej megmosott salátát a forrásban lévő vízbe, és forralja lassan, fedő nélkül 3-5 percig, amíg a saláta megpuhul. Távolítsa el a megpuhult salátát, merítse hideg vízbe, és folytassa a többivel. Egyenként, finoman, de határozottan nyomja meg a fejeket mindkét kezében, hogy a lehető legtöbb vizet eltávolítsa. A nagy fejeket hosszában félbevágjuk; hagyjuk egészben a kis fejeket.

c) Sózzuk és borsozzuk; hajtsa félbe a fejeket, hogy háromszög alakúak legyenek.
d) Közepes fűszernövény csokor: 4 szál petrezselyem, $\frac{1}{4}$ teáskanál kakukkfű és egy babérlevél mosott sajtruhába kötve
e) A sütőt előmelegítjük 325 fokra.
f) A serpenyőben a szalonnát vajban pároljuk egy-két percig, hogy nagyon enyhén megpiruljanak. Távolítsa el a szalonnát, keverje hozzá a hagymát és a sárgarépát, és főzze lassan 8-10 percig, amíg megpuhul, de nem barnul meg. A zöldségfélék felét kivesszük, a többire elrendezzük a salátát, majd befedjük a főtt zöldségekkel és a szalonnával.
g) Öntsünk bele opcionális vermutot és annyi erőlevest, hogy a salátát ellepje. Forraljuk fel, tegyünk egy viaszpapírt a salátára, fedjük le a tepsit, és előmelegített sütő középső szintjén süssük meg. A salátát nagyon lassan, körülbelül 2 órán át kell főzni. (Eddig megfőzhető; a következő lépés előtt melegítse fel újra.)
h) Távolítsa el a salátát a tálalóedénybe. Ha szükséges, gyorsan forraljuk le a főzőfolyadékot körülbelül $\frac{1}{2}$ csészére. Vegyük le a tűzről. A kukoricakeményítőt a főzőfolyadékba keverjük, és kevergetve 2 percig pároljuk. Vegyük le a tűzről, forgassuk meg a vajban, öntsük a salátára, és tálaljuk.

79. Choucroute Braisée a l'Alsacienne / Párolt savanyú káposzta

ÖSSZETEVŐK:
ELŐZETES FŐZÉS
- $\frac{1}{2}$ lb. vastagra szeletelt szalonna
- $2\frac{1}{2}$-3 literes lángálló serpenyő fedővel
- 3 ek olvasztott liba- vagy sertészsír, vagy étolaj
- $\frac{1}{2}$ csésze szeletelt sárgarépa
- 1 csésze szeletelt hagyma

SZEMLŐ
- 4 petrezselyem ág, 1 babérlevél, 6 szem bors és ha van, 10 borókabogyó, mind átmosott sajtkendőbe kötve
- Opcionális: 1 csésze száraz fehérbor vagy $\frac{3}{4}$ csésze száraz fehér vermut
- 3-4 csésze csirke húsleves
- Só

UTASÍTÁS:
a) Vágja a szalonnát 2 hüvelykes darabokra, párolja 10 percig 2 liter vízben, csepegtesse le és szárítsa meg. A serpenyőben a szalonnát zsiradékon vagy olajon a zöldségekkel együtt 10 percig lassan, barnulás nélkül pároljuk. Keverjük hozzá a savanyú káposztát, dobjuk rá, hogy ellepje a zsiradékot és a zöldségeket, fedjük le a tepsit és főzzük lassan 10 percig.

b) Melegítse elő a sütőt 325 fokra a következő lépéshez.)

c) Temessük el a gyógynövény- és fűszercsomagot a savanyú káposztába. Felöntjük az opcionális borral, és annyi csirke húslevessel, hogy ellepje a savanyú káposztát.

d) Forraljuk fel, sózzuk enyhén, fektessünk viaszpapírt a savanyú káposztára, fedjük le a tepsit, és tegyük előmelegített sütő középső szintjére.

e) A savanyú káposztának nagyon lassan, körülbelül 4 órán keresztül kell párolnia, és mire elkészül, fel kell szívnia az összes főzőfolyadékot.

80. Champignons Sautés Au Beurre / Sauteed Mushrooms

ÖSSZETEVŐK:

- 10 hüvelykes tapadásmentes serpenyő
- 2 ek vaj
- 1 ek könnyű olívaolaj vagy étolaj
- ½ lb. friss gomba, megmosva és szárítva (kis egész gomba, vagy szeletelt vagy negyedekre vágott gomba)
- 1-2 tb darált mogyoróhagyma vagy mogyoróhagyma
- Opcionális: 1 gerezd zúzott fokhagyma, 2-3 ek darált petrezselyem
- Só, bors

UTASÍTÁS:

Tegye a serpenyőt magas lángra, és adja hozzá a vajat és az olajat. Amint látja, hogy a vajhab kezd apadni, hozzáadjuk a gombát. A serpenyőt gyakran dobja fel és rázza fel, hogy a gombák egyenletesen süljenek el. Eleinte a gombák felszívják a serpenyőben lévő zsírt; néhány perc múlva a zsír újra megjelenik a felszínen, és a gomba barnulni kezd. Amikor enyhén megpirult, hozzáadjuk a medvehagymát vagy a mogyoróhagymát és az opcionális fokhagymát. Egy pillanatig még forgassuk, és vegyük le a tűzről. Közvetlenül tálalás előtt melegítsük fel, és ízlés szerint ízesítsük sóval, borssal és opcionális petrezselyemmel.

81. Gúnyos hollandi szósz (Bâtarde)

ÖSSZETEVŐK:

- 3 ek lágyított vagy olvasztott vaj
- 3 ek liszt
- $1\frac{1}{4}$ csésze forró növényi főzővíz vagy tej
- 1 tojássárgája keverve egy tálban $\frac{1}{4}$ csésze kemény tejszínnel
- Só, bors
- 1-2 ek citromlé
- 2 vagy több teáskanál lágyított vaj

UTASÍTÁS:

a) A vajat és a lisztet egy kis serpenyőben gumilapáttal összedolgozzuk.

b) Dróthabverővel beleütjük a forró folyadékot, majd lassan verve felforraljuk.

c) Csöpögtetjük ezt a forró mártást a tojássárgájával és a tejszínnel, öntsük vissza a serpenyőbe, és keverés közben forraljuk fel.

d) Levesszük a tűzről, és ízlés szerint ízesítjük sóval, borssal és citromlével. Ha nem kívánja azonnal tálalni, gumilapáttal tisztítsa meg a serpenyő oldalát, és lágy vajjal pöttyentse meg a szósz tetejét, hogy megakadályozza a bőr kialakulását.

e) Közvetlenül tálalás előtt melegítsük fel, vegyük le a tűzről, és evőkanállal verjük bele a puha vajat.

82. Crème Anglaise (Francia pudingszósz)

ÖSSZETEVŐK:

- 3 tojássárgája
- 1½ literes rozsdamentes acél vagy zománcozott serpenyő
- ⅓ csésze kristálycukor
- 1¼ csésze forró tej
- 2 tk vanília kivonat
- Opcionális: 1 ek rum
- 1 ek lágy vaj

UTASÍTÁS:

a) A tojássárgákat a serpenyőben sűrűre és ragadósra verjük (1 perc), majd fokozatosan habosítjuk bele a cukrot, majd cseppenként habosítsuk bele a forró tejet.

b) Mérsékelten alacsony lángon fakanállal addig keverjük, amíg a szósz annyira besűrűsödik, hogy bevonja a kanalat – ne hagyjuk, hogy a szósz közel forrjon, különben a tojássárgája megdermed.

c) A tűzről levéve keverjük hozzá a vaníliát, majd az opcionális rumot és a vajat. Melegen vagy hidegen tálaljuk.

83. Krémes Gomba

ÖSSZETEVŐK:

- $\frac{3}{4}$ lb. finomra darált friss gomba
- 2 ek vaj és 1 ek étolaj
- 2 ek darált mogyoróhagyma vagy mogyoróhagyma
- 2 ek liszt
- Körülbelül $\frac{1}{2}$ csésze közepes tejszín
- Só, bors

UTASÍTÁS:

A gombát forró vajban és olajon pároljuk néhány percig, amíg a darabok el nem válnak egymástól. Keverje hozzá a medvehagymát vagy a mogyoróhagymát, és főzze még egy percig. Csökkentse a lángot, keverje hozzá a lisztet, és keverje össze 2 percig. Levesszük a tűzről, és hozzákeverjük a tejszín felét. Pároljuk, kevergetve egy pillanatig, és kanalanként adjunk hozzá több tejszínt. A gombáknak meg kell tartaniuk az alakjukat, ha kanálba emeljük. Óvatosan sózzuk, borsozzuk. Közvetlenül tálalás előtt melegítse fel.

84. Mousseline Sabayon szósz

ÖSSZETEVŐK:

- ¼ csésze csökkentett halfőző folyadék
- 3 TB nehéz tejszín
- 4 tojássárgája
- Egy 6 csésze zománcozott fazék és egy drótkorbács
- 1½-2 rúd (6-8 uncia) lágyított vaj
- Só, fehér bors és csepp citromlé

UTASÍTÁS:

a) Keverje össze a halászlét, a tejszínt és a tojássárgáját a serpenyőben dróthabverővel.
b) Ezután lassú tűzön addig keverjük, amíg a keverék lassan világos krémmé nem sűrűsödik, amely bevonja a habverő vezetékeit – ügyeljünk arra, hogy ne hevítsük túl, különben a tojássárgája összerándul, de elég melegíteni kell, hogy besűrűsödjön.
c) Vegyük le a tűzről, és egy evőkanállal kezdjük el beleverni a vajat. A szósz fokozatosan sűrű krémmé sűrűsödik.
d) Ízlés szerint sóval, borssal és egy csepp citromlével ízesítjük. Használatig tartsa langyos – nem forró – víz felett.

DESSZERTEK

85. Feuilletée pástétom / francia leveles tészta

ÖSSZETEVŐK:

- 3-4 pogácsahéj, vagy 8 db három hüvelykes pogácsahéj és
- 8 db két hüvelykes előételhéj

A DÉTREMPE

- 1 csésze normál univerzális liszt és $3\frac{3}{4}$ csésze süteményliszt (a méréshez közvetlenül száraz méretű csészékbe szitáljuk, és a felesleget lesöpörjük)
- Egy keverőtál
- 6 ek hűtött, sótlan vaj
- 2 teáskanál só $\frac{3}{4}$ csésze nagyon hideg vízben feloldva (szükség esetén cseppenként több víz)

A CSOMAG

- 2 rúd ($\frac{1}{2}$ lb.) hűtött, sótlan vaj

UTASÍTÁS:

a) Helyezzen lisztet a keverőedénybe, adjon hozzá vajat, és ujjai hegyével gyorsan dörzsölje össze, vagy turmixgéppel dolgozzon addig, amíg a keverék durva lisztre nem hasonlít.

b) Gyorsan keverje hozzá a vizet egyik keze enyhén befogott ujjaival, erősen nyomja össze a keveréket, és cseppenként adjon hozzá több vizet, hogy kemény, de rugalmas tésztát kapjon.

c) Gyúrjuk röviden 6 hüvelyk átmérőjű tortává, a lehető legkevesebb tésztát dolgozzuk ki. Csomagolja be viaszos papírba, és hűtse 30-40 percig. Ezután nyújtsuk ki 10 hüvelykes körré.

d) A vajat addig verjük és gyúrjuk, amíg tökéletesen sima, csomómentes, képlékeny, mégis hideg nem lesz. Formálj 5 hüvelykes négyzetet, és helyezd a tésztakör közepére.

Emelje fel a tészta széleit vajra, hogy teljesen bezárja. Ujjakkal zárja le a széleket.

e) Enyhén lisztezzük meg, és gyorsan nyújtsuk ki egy egyenletes, körülbelül 16 x 6 hüvelyk méretű téglalappá. Mintha egy betűt hajtogatna, az alsó szélét emelje fel a közepére, a felső szélét pedig lefelé, hogy lefedje, így három egyenletes réteget képez.

f) Forgasd meg a tésztát úgy, hogy a felső széle jobbra legyen, a tésztát ismét téglalappá tekerjük. Hajtsa be hármat, csomagolja viaszpapírba és egy műanyag zacskóba; és hűtsük le 45 perctől 1 óráig.

g) Ismételje meg további két tekercssel és hajtogatással; hűtsük le újra, majd fejezzük be az utolsó két dobást és hajtogatást, így összesen hat. (Ezeket fordulatoknak nevezzük.)

h) 45-60 perces végső hűtés után a leveles tészta készen áll a formázásra. Biztonságosan becsomagolva a tészta több napig is eláll a hűtőben, vagy le is fagyasztható.

86. Vol-au-Vent / Large Patty Shell

ÖSSZETEVŐK:
- Leveles tészta (előző recept)
- Tojásmáz (1 tojást 1 tk vízzel felvert)

UTASÍTÁS:
a) A kihűlt leveles tészta tésztát nyújtsa körülbelül $\frac{3}{8}$ hüvelyk vastag, 18 hüvelyk hosszú és 10 hüvelyk széles téglalappá. Vágjon 2 hét-nyolc hüvelykes kört a tésztába, jól középre igazítva őket a tésztán, hogy ne érjenek a szélekhez.
b) Egy tepsire hideg vizet fújunk. Helyezzen egy tésztakört a közepére, és fessen be hideg vízzel a felső kerületét. Vágjon egy 5-6 hüvelykes kört a második kör közepéből, így gyűrűt és egy kisebb kört készít. Helyezze a gyűrűt az első körre, ujjaival zárja össze a két tésztadarabot. Most egy kétrétegű lapos hengere van. Az alsó réteg közepét villával végigszurkáljuk, hogy a közepe ne emelkedjen fel sütés közben.
c) Nyújtsa ki a kisebb kört, és vágja 7-8 hüvelykes körré, hogy fedje le a tésztahengert. Nedvesítse meg a henger tetejét hideg vízzel, és nyomja be az utolsó kört a helyére.
d) Zárja össze a három tésztaréteget egy kés hátsó élével úgy, hogy függőlegesen tartsa, és a tészta széleibe nyomjon bemélyedéseket $\frac{1}{8}$ hüvelykenként. Sütés előtt 30 percig hűtjük. Közvetlenül sütés előtt fedje le tojásmázzal a tetejét, és húzza a villa fogaival a mázas felületre, hogy dekoratív sraffozást kapjon.
e) 400 fokra előmelegített sütő középső szintjén 20 percig sütjük. Amikor körülbelül háromszorosára nőtt a magassága, és kezd szépen barnulni, csökkentse a hőt

350 fokra, és süsse 30-40 perccel tovább, amíg az oldala barna és ropogós lesz.
f) A felső fedő alatt felvágjuk, levesszük, és villával kikaparjuk a héjából a meg nem főtt tésztát. Fedő nélkül süssük még 5 percig, hogy belülről kiszáradjon, majd rácson hűtsük ki. Melegítse fel néhány percig 400 fokon, mielőtt bármilyen forró töltelékkel tálalná.

87. Creme Chantilly / Lightly Whipped Cream

ÖSSZETEVŐK:

- ½ pint (1 csésze) hűtött nehéz vagy habtejszín
- Egy hűtött 3 literes tál
- Egy nagy drótkorbács, lehűtve
- 2 ek szitált cukrászcukor
- 1-2 ek likőr vagy 1 teáskanál vaníliakivonat
- 2 vastagságú nedves, mosott sajtkendőt szitára állítva egy tál fölé

UTASÍTÁS:

A tejszínt a kihűlt tálba öntjük, és a habverővel lassan addig verjük, amíg a tejszín habosodni kezd. Fokozatosan növelje a habverési sebességet közepesre, és folytassa addig, amíg a habverő világos nyomokat nem hagy a krém felületén, és kissé megemelve és leejtve lágyan megtartja formáját. (Meleg időben a legjobb, ha repedt jégen verjük át.) Óvatosan keverjük hozzá az átszitált cukrot és az aromákat. Ha előre elkészítjük a krémet, túróvászonnal bélelt szitává forgatjuk, és hűtőbe tesszük; a krém felverve marad, a tál aljába szivárgott finom folyadék pedig másra is használható.

88. Crème Renversée Au Caramel / Molded Caramel Custard

ÖSSZETEVŐK:

- 5 tojás (amerikai „nagy" minősítésű)
- 4 tojássárgája
- Egy 2½ literes keverőtál és dróthabverő
- ¾ csésze kristálycukor
- 3¾ csésze forrásban lévő tej
- 10 percig forró tejben áztatott vaníliarúd vagy 1½ teáskanál vaníliakivonat
- 6 csésze karamellizált hengeres forma vagy sütőtál, körülbelül 3½ hüvelyk mély
- Egy serpenyőben forrásban lévő víz

UTASÍTÁS:

Melegítsük elő a sütőt 350 fokra.

Verjük fel a tojást és a sárgáját a keverőedényben dróthabverővel; fokozatosan verjük fel a cukrot. Amikor a keverék könnyű és habos, nagyon vékony sugárban felverjük a forró tejjel. (Ha használunk vaníliakivonatot beleütünk.) Finom szitán átszűrjük a karamellizált formába. Forrásban lévő vízbe tesszük, és az előmelegített sütő alsó harmadában megsütjük. A sima puding biztosítása érdekében szabályozza a hőt, hogy a serpenyőben soha ne forrjon fel teljesen a víz. A puding körülbelül 40 perc alatt elkészül, vagy amikor a közepén átszúrt kés tisztán jön ki.

Melegen tálaljuk, hagyjuk állni 10 percig egy serpenyőben hideg vízben. Fordítsunk fejjel lefelé egy meleg tálat a pudingon, majd fordítsuk meg a kettőt a puding formázása érdekében.

Hidegen tálaljuk, hagyjuk lehűlni szobahőmérsékletre; hűtsük le néhány órát, majd vedd ki a formából.

89. Flaming Soufflé / Crème Anglaise

ÖSSZETEVŐK:

- 2 narancs reszelt héja
- ⅔ csésze kristálycukor
- Egy keverőtál
- 6 tojássárgája
- Rozsdamentes acél tál vagy serpenyő
- ¼ csésze sötét rum vagy narancslé
- Drótkorbács
- Elektromos keverő

UTASÍTÁS:

a) A sütőt előmelegítjük 375 fokra.
b) A narancshéjat és a cukrot fakanállal pépesítsd össze egy tálban, hogy a lehető legtöbb narancsolajból kivonódjon. Helyezze a tojássárgákat a tálba vagy a serpenyőbe.
c) Fokozatosan keverjük hozzá a narancscukrot, és addig verjük, amíg a tojássárgája halványsárgára nem válik és besűrűsödik.
d) Keverjük hozzá a rumot vagy a narancslevet, majd tegyük alig forrásban lévő víz fölé, és verjük dróthabverővel (másodpercenként 2 ütés), amíg a keverék meleg, sűrű krémmé válik. Ez 3 vagy 4 percet vesz igénybe, és a keverék elég vastag lesz ahhoz, hogy lassan oldódó szalagot képezzen, amikor egy keveset leejtünk a habverőből, és visszaesik a felületre.
e) Vegyük le a tűzről, és keverjük elektromos mixerben 4-5 percig, amíg kihűl és sűrű nem lesz.

90. Charlotte Malakoff Au Chocolat

ÖSSZETEVŐK:
KEKSZ À LA CUILLER (24-30 ujjnyihoz)
- 2 nagy tepsi (18 x 24 hüvelyk)
- 1 ek lágy vaj
- Liszt
- Cukrászzacskó kerek, $\frac{3}{8}$ hüvelyk átmérőjű csőnyílással, vagy egy nagy konyhai kanál
- 1$\frac{1}{2}$ csésze porcukor egy szitán
- 3 literes keverőtál
- $\frac{1}{2}$ csésze kristálycukor
- 3 tojássárgája
- 1 tk vanília kivonat
- 3 tojás fehérje
- Csipet só
- $\frac{1}{8}$ teáskanál tartárkrém
- 1 ek kristálycukor
- ²/₃ csésze sima fehérített süteményliszt

A DESSZERT FORMÁT BÉRÍTÉSE LADYUJJAL
- 2 literes hengeres forma, 4 hüvelyk magas, ha lehetséges, és 7 hüvelyk átmérőjű
- Viaszolt papír
- ¹/₃ csésze narancslikőr
- ²/₃ csésze víz
- 24 ladyujj, 4 hüvelyk hosszú és körülbelül 2 hüvelyk széles

A MANDULA KRÉM
- 4 literes keverőtál
- $\frac{1}{2}$ lb. lágyított sótlan vaj
- 1 csésze instant szuperfinom kristálycukor
- $\frac{1}{4}$ csésze narancslikőr
- ²/₃ csésze félédes csokoládé $\frac{1}{4}$ csésze erős kávéval felolvasztva

- ¼ teáskanál mandula kivonat
- 1⅓ csésze porított mandula (blansírozott mandula turmixgépben őrölve vagy húsdarálón áttörve egy kis instant cukorral)
- 2 csésze tejszín, hűtve
- Egy lehűtött tál és habverő

UTASÍTÁS:

A sütőt előmelegítjük 300 fokra.
A tepsit vajjal enyhén bedörzsölve, liszttel megszórva, a felesleges lisztet leverve elkészítjük. Szerelje össze a cukrászzsákot, ha használ ilyet; elkészítjük a porcukrot, és kimérjük a többi hozzávalót.
A keverőedényben a cukrot fokozatosan a tojássárgájához keverjük, hozzáadjuk a vaníliát, és néhány percig tovább verjük, amíg sűrű, halványsárga nem lesz, és szalagot nem kap. Egy külön tálban verjük habosra a tojásfehérjét, verjük bele a sót és a tartártejszínt, és verjük tovább, amíg lágy csúcsok nem lesznek. Szórjunk bele egy evőkanál kristálycukrot, és addig verjük, amíg kemény csúcsok nem lesznek.
A tojássárgája és a cukor tetejére kanalazzuk a tojásfehérje egynegyedét, rászitáljuk a liszt egynegyedére, és óvatosan összeforgatjuk, amíg részlegesen el nem keveredik. Ezután adjuk hozzá a maradék tojásfehérje egyharmadát; szitáljuk rá a maradék liszt egyharmadát, hajtsuk újra, amíg részlegesen össze nem keveredik. Ismételje meg a felével, majd mindegyik utolsójával. Ne próbálja meg túl alaposan keverni; a tésztának könnyűnek és puffadtnak kell lennie.
Akár a cukrászzacskóval, akár egy nagy konyhai kanállal készítsen egyenletes, 4 hüvelyk hosszú, 1½ hüvelyk széles

vonalakat a tésztából, egymástól 1 hüvelyk távolságra a tésztalapokon. Megszórjuk egy 1/16 hüvelykes réteg porcukorral. Azonnal süssük a sütő középső és felsőharmadik szintjén körülbelül 20 percig. Ladyfingers kész, ha nagyon halványbarna a cukorbevonat alatt. Kívül enyhén kérgesnek, belül lágynak, de száraznak kell lenniük. Spatulával távolítsa el a tepsiről; Süteményrácsokon hűtsük le.

Bélelje ki a száraz forma alját egy kerek viaszpapírral. Öntsük a likőrt és a vizet egy leveses tányérba. Egyesével mártsuk a ladyfingert a folyadékba egy másodpercre, majd egy tortarácson csepegtessük le. Helyezzen el egy sor függőleges női ujjat a forma belsejében, szorosan egymáshoz nyomva, ívelt oldalukkal a formához. Tartsa le a maradék mártott ladyfingereket.

A vajat és a cukrot néhány perc alatt habosra keverjük. Belekeverjük a narancslikőrt, az olvasztott csokoládét és a mandulakivonatot; verjük tovább néhány percig, amíg a cukor már nem lesz szemcsés. Belekeverjük a mandulát. A kihűlt tejszínt egy lehűtött tálban hűtött habverővel verjük fel addig, amíg a habverő világos nyomokat hagy a tejszínen – ennél többet ne habverjünk fel, különben a tejszín nem hűl ki simán. A tejszínt a csokis-mandulás keverékhez keverjük. A masszának egyharmadát beleforgatjuk a kibélelt formába, elhelyezünk rajta egy réteg ladyfingers-t, majd a csokis-mandulás krémmel és a ladyfingers-szel folytatjuk, ha maradt még a ladyfingers-el. Vágja le a forma széle felett kiálló ujjakat, és nyomjon a krém tetejére. Fedje le a formát viaszos papírral, tegyen egy csészealjat a papírra, és helyezzen rá egy súlyt (például 2 csésze pohár víz). Hűtőbe tesszük 6 órára vagy egy éjszakára; A vajat keményre kell hűteni, így a desszert nem esik össze formázás nélkül. (A desszert hűtőszekrényben több napig eláll, vagy le is fagyasztható.)

FORMÁZÁS ÉS SZOLGÁLAT

Tálaláskor távolítsa el a viaszos papírt a tetejéről, húzza meg a késsel a forma belső szélét, és finoman nyomja meg, hogy kimozdítsa a desszertet. A lehűtött tálalóedényt fordítsa fejjel lefelé a forma fölé, és fordítsa meg a kettőt, és egy éles lefelé rándulást ad, így a desszert az edényre esik. A charlotte tetejét reszelt csokoládéval díszítjük. Hűtőbe tesszük, ha nem tálaljuk azonnal.

91. Poires Au Gratin / Borral sült körte

ÖSSZETEVŐK:

2 hüvelyk magas és 8 hüvelyk átmérőjű tepsi
1 ek lágy vaj
3-4 kemény, érett körte
⅓ csésze baracklekvár
¼ csésze száraz fehér vermut
2-3 állott macaroon
2 ek vaj pöttyre vágva

UTASÍTÁS:

A tepsit kikenjük vajjal. A körtéket meghámozzuk, felnegyedeljük és kimagozzuk; hosszában körülbelül ⅜ hüvelyk vastag szeletekre vágjuk, és elrendezzük az edényben. A baracklekvárt szitán át egy tálba erőltetni; keverjük össze a vermuttal, és öntsük a körtére. A macaronokat az egészben morzsoljuk össze, és tegyük a tetejére a vajas pöttyöket. Az előmelegített sütő középső szintjére tesszük, és 20-25 percig sütjük, amíg a teteje enyhén megpirul. Forrón, melegen vagy hidegen tálaljuk, és ha kívánja, egy kancsó tejszínnel kísérjük.

92. Timbale Aux Épinards / Formázott spenótkrém

ÖSSZETEVŐK:
- ½ csésze darált hagyma
- 2 ek vaj
- Rozsdamentes acél vagy zománcozott fedett serpenyő (a spenót fémes ízt kap, ha sima fém serpenyőben sütjük)
- 2½-3 font. friss spenót vágva és forrásban lévő vízben 3 percig blansírozva; vagy 2 csomag (10 uncia) fagyasztott leveles spenót hideg vízben felolvasztva
- Rozsdamentes acél kés spenót aprításához
- ¼ teáskanál só
- Csípje meg a borsot és a szerecsendiót

HOZZÁADÁS
- 1 csésze tej
- 5 tojás
- 2 ek vaj
- Egy keverőtál
- ⅔ csésze állott fehér kenyérmorzsa
- ½ csésze reszelt svájci sajt
- Só, bors
- Egy 6 csésze gyűrűs forma vagy szuflatál, vagy 4 db 1½ csésze kapacitású ramekin

UTASÍTÁS:

a) A hagymát lassan megpirítjuk a vajban. Közben a spenótot egy-egy kis marékkal kinyomkodjuk, hogy a lehető legtöbb vizet eltávolítsuk. Finom pürére vágjuk. Amikor a hagyma megpuhult, keverjük hozzá a spenótot és a sót, borsot és szerecsendiót.

b) Fedjük le a serpenyőt, és nagyon lassan főzzük, időnként megkeverve, hogy ne ragadjon le, amíg a spenót megpuhul (kb. 5 perc).

c) Amikor elkészült a spenót, keverjük hozzá a további vajat és a tejet. Egy keverőtálba verjük fel a tojásokat, majd fokozatosan keverjük hozzá a meleg spenótos keveréket. Hozzákeverjük a zsemlemorzsát és a sajtot, és megfelelően fűszerezzük. Az előkészített formába öntjük.

SÜTÉS ÉS SZOLGÁLAT

d) Egy serpenyő, amely körülbelül 1,5 hüvelyk forrásban lévő vizet tartalmaz
e) Választható: tejszínszósz, könnyű sajtszósz vagy hollandi szósz (lásd ezt az oldalt)
f) A sütőt előmelegítjük 325 fokra.
g) Helyezze a formát egy serpenyőben forrásban lévő vízbe (a víznek $\frac{1}{2}$-$\frac{2}{3}$-nek kell lennie, a formán felfelé), és helyezze a sütő alsó harmadába. Süssük 30-40 percig, a forma formájától függően, amíg a puding közepébe szúrt kés tisztán ki nem jön. Formázás előtt hagyjuk állni 5 percig, vagy 150 fokos sütőben tartsuk melegen egy lábas vízben.
h) A formázáshoz futtasson egy kést a puding szélén; egy forró tálalóedényt fordítsunk fejjel lefelé a forma fölé, fordítsuk meg a kettőt, és a puding ráesik az edényre.
i) Húzzuk le a viaszpapírt a tetejéről. Nincs szükség szószra, ha a timbale átveszi a zöldség helyét; ha első vagy főétel lesz, kanalazzon rá tejszínes szószt, könnyű sajtszószt vagy hollandiat.

93. Timbale Au Jambon / Öntött sonkakrém

ÖSSZETEVŐK:

1½ csésze főtt tészta
¾ csésze gomba, előzőleg vajban megpirítva
⅔ csésze főtt sonka
½ csésze hagyma, előzőleg vajban megdinsztelve
Só, bors
1 csésze sűrű tejszínes szósz
½ csésze reszelt svájci sajt
3 tojássárgája
1 TB paradicsompüré
¼ csésze darált petrezselyem
3 keményre felvert tojásfehérje
6 csésze gyűrűs forma, szuflatál vagy cipóforma, vagy 4 db 1½ csésze kapacitású ramekin

UTASÍTÁS:

A sütőt előmelegítjük 325 fokra.

Tegye át a tésztát, a gombát, a sonkát és a hagymát egy élelmiszer-daráló vagy élelmiszer-aprító közepes pengéjén. A keveréket egy tálban keverjük össze a fűszerekkel, a tejszínes szósszal, a sajttal, a tojássárgájával, a paradicsompürével és a petrezselyemmel. Forgasd bele a felvert tojásfehérjét, és forgasd bele az előkészített formákba, vagy formákba. Tedd forrásban lévő vízbe, és süsd kb. 30 percig, a forma formájától függően (a karikás forma gyorsabban sül, mint a szuflatál). A Timbale kész, amikor a keverék körülbelül ½ hüvelyket megemelkedett, és a teteje szépen megbarnult. Kihűlés közben kissé süllyed, de tálalás előtt jó fél óráig melegen tarthatjuk. Forró tálaló edényen formázzuk ki.

SZÓSZ ÉS KARNITURE

Ha gyűrűs formát használtunk, a timbale-t megtölthetjük főtt zöld zöldségekkel; különben körbeveheti a zöldségekkel. Paradicsomszósz, fűszernövényekkel kevert tejszínes szósz vagy egy kanál paradicsompüré, vagy egy könnyű sajtszósz is jól passzol, rákanalazva.

94. Keksz vagy csokoládé / csokoládé piskóta

ÖSSZETEVŐK:

- 1 ek lágy vaj
- Liszt
- Egy kerek, egyrészes tortaforma, 8 hüvelyk átmérőjű és 1,5 hüvelyk mély
- ⅔-1 csésze (4-6 uncia) félédes csokoládédarabkák (kevesebb mennyiség könnyebb tortát eredményez)
- 1 púpozott TB instant kávé 2 d forrásban lévő vízben feloldva

A TORTATÉSZTA

- 3 tojás (amerikai „nagy" minősítésű)
- Egy nagy keverőtál
- ½ csésze kristálycukor
- ⅔ csésze süteményliszt (szitáljuk közvetlenül a csészékbe, egyengessük el késsel, és tegyük vissza a lisztet a szitába)
- 3½ ek lágyított, sótlan vaj

UTASÍTÁS:

a) Melegítsük elő a sütőt 350 fokra.

b) Enyhén kivajazzuk a tortaforma belsejét, beleforgatjuk a lisztet úgy, hogy teljesen befedje a felületet, és a felesleges lisztet kiverjük belőle. A csokoládét felolvasztjuk a kávéval, majd hagyjuk langyosra hűlni.

c) A tojásfehérjéhez: csipet só, ⅛ teáskanál tartártejszín és 1 ek kristálycukor

d) Elektromos mixer nagy és kis tálakkal és lehetőség szerint plusz pengékkel (vagy 2 tálal és 2 nagy ostorral); gumi spatulák

e) Válasszuk szét a tojásokat, a sárgáját tegyük egy nagy tálba, a fehérjét pedig egy másik tálba (vagy egy kis keverőtálba). Kimérjük a tortalisztet, és a vajat pépesítjük, hogy megpuhuljon.

f) Akár a mixerrel, akár egy nagy habverővel, fokozatosan habosítsd a cukrot a tojássárgájába, és keverd tovább néhány percig, amíg sűrű és citromszínű nem lesz. Ha turmixgépet használunk, keverjük bele a langyos olvasztott csokoládét, majd a vajat; egyébként a vajat fokozatosan habosra keverjük a csokoládéval, majd a sárgáját és a cukrot.

g) Tiszta száraz habverővel vagy nagy dróthabverővel verjük habosra a tojásfehérjét, majd verjük bele a sót és a tartártejszínt. Folytassa a verést, amíg lágy csúcsok képződnek; beleszórjuk a cukrot, és addig verjük, amíg kemény csúcsok nem lesznek.

h) Gumi spatulával keverje a tojásfehérje $\frac{1}{4}$-ét a csokoládé-tojássárgája keverékhez; ha részben összekevert, szitáljuk rá a tortaliszt $\frac{1}{4}$ részét. Gyorsan és finoman hajtsa össze egy gumi spatulával; ha részlegesen összekevert, kezdje belehajtani a maradék tojásfehérje $\frac{1}{2}$-ét. Amikor ez részben elkeveredett, szitáljuk rá a maradék liszt egyharmadát, és folytassuk így, felváltva a liszttel és a tojásfehérjével, gyorsan hajtogatva, amíg az egész el nem keveredik.

SÜTÉS

i) Forgasd kész tortaformába; döntse meg a serpenyőt, hogy körös-körül a tetejére fusson a tészta. Azonnal az előmelegített sütő középső szintjére tesszük, és körülbelül 30 percig sütjük.

j) A torta kissé a tepsi széle fölé emelkedik, és a teteje megreped. Ez akkor történik meg, amikor a sütemény közepén átszúrt tű vagy villa tisztán jön ki; egy nagyon halvány zsugorodási vonal is megjelenik a torta széle és a

tepsi között. Vegyük ki a sütőből, és hagyjuk hűlni 5 percig, majd egy tortarácson formázzuk ki.
k) Ha a sütemény hidegen nem jeges, légmentesen csomagolja be, és hűtse le vagy fagyassza le.

95. Crème au Beurre à l'Anglaise / Custard Butter Cream

ÖSSZETEVŐK:
- Egy 2½ literes keverőtál
- 4 tojássárgája
- ⅔ csésze kristálycukor
- ½ csésze forró tej
- ½ lb. lágyított sótlan vaj
- Ízesítők: 3 ek rum, burgonya, narancslikőr vagy erős kávé; vagy 1 tb vaníliakivonat; vagy ⅓ csésze (2 uncia) félédes csokoládédarabkák, olvasztott

CSOKOLÁDÉMÁZ
- 1 csésze (6 uncia) félédes csokoládédarabkák
- ¼ csésze kávé

UTASÍTÁS:
a) Helyezze a tojássárgákat a keverőtálba; fokozatosan keverjük hozzá a cukrot, és folytassuk a verést, amíg sűrű és citromszínű nem lesz. Ezután fokozatosan hozzákeverjük a tejet.
b) Tiszta serpenyőbe öntjük, és fakanállal közepes lángon addig keverjük, amíg a keverék lassan annyira besűrűsödik, hogy a kanalat enyhe krémmel bevonja. (Vigyázz, ne hevítsd túl, különben a tojássárgája megdermed, de a keveréknek be kell sűrűsödnie.)
c) Helyezze a serpenyőt hideg vízbe, és keverje langyosra; öblítse ki a keverőedényt, és szűrje vissza a pudingot. Ezután dróthabverővel vagy elektromos keverővel fokozatosan, evőkanálonként belekeverjük a puha vajat. Belekeverjük az ízesítőt.
d) Ha a tejszín szemcsésnek tűnik, kanálonként keverj hozzá több vajat. Hűtsük le vagy keverjük össze zúzott jégen, ha szükséges; a krémnek simának, sűrűnek és

homogénnek kell lennie. (A maradék vajkrém megfagyhat.)

A TORTA TÖLTÉSE ÉS MEGBESZÍTÉSE

e) Amikor a sütemény teljesen kihűlt, ecsettel eltávolítjuk a morzsákat a felületről. Hagyja a tortát fejjel lefelé, mert azt szeretné, hogy az oldala kissé befelé dőljön. Vágjon fel egy apró függőleges éket a torta szélére; ez elvezeti Önt az újraformázáshoz. Ezután a tortát vízszintesen kettévágjuk. Az alsó felét (korábban a tetejét) kenjük meg egy $\frac{1}{4}$ hüvelykes réteg vajas krémmel; cserélje ki a második felét, a két felét az ékkel egy vonalba helyezve. Kenjük meg cukormázzal a torta tetejét és oldalát, forró vízbe mártott spatulával simítsuk el, és tartsuk enyhén befelé ferdén az oldalát. Hűtsük le, amíg a fagy megszilárdul.

CSOKOLÁDÉMÁZ

f) A csokoládé darabkákat felolvasztjuk a kávéval, és hagyjuk langyosra hűlni.

g) A kihűlt süteményt egy tálcán lévő rácsra helyezzük, és a tetejére öntjük az összes csokit, hagyjuk, hogy az oldalára essen, amely ha szépen simított és enyhén ferde, akkor tökéletesen el kell viselnie a csokoládé bevonatot.

h) Amikor a máz megszilárdult, tegyük át a tortát egy tálra. (A tortát hűtőben kell tárolni.)

96. Tarte Aux Pommes / Francia almás torta

ÖSSZETEVŐK:

- 8 hüvelykes, részben sült tésztahéj kivajazott tepsire fektetve
- 3-4 csésze vastag, ízesítetlen almaszósz
- $\frac{1}{2}$-$\frac{2}{3}$ csésze kristálycukor
- 3 ek almapálinka, konyak vagy rum, vagy 1 ek vanília kivonat
- 1 citrom reszelt héja
- 2 ek vaj
- 2-3 alma, meghámozva és $\frac{1}{8}$ hüvelykes hosszában szeletekre vágva
- $\frac{1}{2}$ csésze baracklekvár, leszűrjük, és 2 ek cukorral 228 fokra főzzük

UTASÍTÁS:

A sütőt előmelegítjük 375 fokra.

Keverjünk el $\frac{1}{2}$-$\frac{2}{3}$ csésze cukrot az almaszószban, adjuk hozzá a likőrt vagy a vaníliát és a citrom héját. Gyakran kevergetve forraljuk addig, amíg a szósz elég sűrű lesz ahhoz, hogy masszát tartson a kanálban. Keverje hozzá a vajat, és forgassa az almaszószt tésztahéjat, szinte színültig töltve. Rendezd a tetejére koncentrikus körökben szorosan átfedő nyers almaszeleteket. Előmelegített sütőben 30 percig sütjük. A tortát öntsük ki egy tálra; fesd le a tetejét és az oldalát meleg baracklekvárral. Tálaljuk melegen, melegen vagy hidegen, ha kívánjuk, enyhén felvert tejszínnel.

97. Roulé a l'Orange Et Aux Amandes keksz

ÖSSZETEVŐK:
ELŐZETESEK
- 3 ek vaj
- Egy zselés tekercs vagy tortaforma, 11 hüvelyk átmérőjű, 17 hüvelyk hosszú és 1 hüvelyk mély
- Liszt
- ⅔ csésze kristálycukor
- 3 tojás
- 1 narancs héja (reszeljük bele a sárgáját tartalmazó keverőtálba)
- ⅓ csésze szűrt narancslé
- ¾ csésze porított blansírozott mandula (darálja meg elektromos turmixgépben, vagy tegye át húsdarálón a ⅔ csésze kristálycukor egy részével)
- ¼ teáskanál mandula kivonat
- ¾ csésze szitált, sima fehérített süteményliszt (tegyen száraz méretű poharakat viaszpapírra, szitálja a lisztet közvetlenül a csészékbe, és egy egyenes élű késsel söpörje le a túlfolyót)
- Kevés ¼ teáskanálnyi tartárkrém
- Csipet só
- 1 ek kristálycukor
- 1½ ek langyos olvasztott vaj
- Porcukor egy szitán

UTASÍTÁS:
Melegítse elő a sütőt 375 fokra, és helyezze a rácsot a középső szintre. Olvasszuk fel a vajat, és hagyjuk langyosra hűlni: egy része a tepsihez, egy része a tortához. Fesd ki a tortaforma belsejét olvasztott vajjal, és béleld ki 12 × 21 hüvelykes viaszos papírdarabbal úgy, hogy a végei túlnyúljanak a tepsi szélein. Vajjazzuk ki a papírt,

hengereljük rá lisztet úgy, hogy az egész belső felületet befedjük, és üssük ki belőle a felesleges lisztet.

A TORTATÉSZTA KEVERÉSE

Egy nagy dróthabverővel fokozatosan habosra keverjük a cukrot a tojássárgájával és a narancshéjjal; erőteljesen verjük egy-két percig, amíg a keverék sűrű és halványsárga nem lesz. Belekeverjük a narancslevet, majd a mandulát, a mandulakivonatot és a lisztet.

A tojásfehérjét egy pillanatra mérsékelt sebességgel felverjük; amikor elkezdenek habosodni, hozzáadjuk a tartárkrémet és a sót. Verjük fel maximális sebességgel, amíg a tojásfehérje lágy csúcsokat nem kap, szórjuk bele a cukrot, és verjük még néhány másodpercig, amíg a tojásfehérje kemény csúcsokat nem kap, ha kanállal vagy spatulával felemeli.

A tojásfehérjét a sárgás keverékre kanalazzuk. Gyorsan és finoman hajtsa össze egy gumi spatulával; amikor már majdnem összekevert, gyorsan beleforgatjuk a langyos vajat ½ teáskanálnyival.

Azonnal fordítsa a tésztát az előkészített tepsibe, simítsa el az egész felületet. A serpenyőt röviden az asztalra döngöljük, hogy egyenletes legyen a keverék, és betesszük az előmelegített sütő középső szintjére.

SÜTÉS

Kb. 10 percig sütjük. A sütemény akkor készül el, amikor alig kezd el színeződni, amikor a teteje enyhén ruganyos vagy szivacsos, ha ujjal megnyomjuk, és amikor a leghalványabb elválasztási vonal látszik a torta és a tepsi oldala között. Ne süssük túl, különben a sütemény összetekerve széttörik; puhanak és szivacsosnak kell lennie.

HŰTÉS ÉS KIBONTÁS

Vegye ki a sütőből, és szórja meg a torta tetejét egy 1/16 hüvelykes réteg porcukorral. Fedjük le egy viaszos papírlappal. Öblíts le egy törölközőt hideg vízben, csavard ki, és tedd rá a viaszos papírra. A tortát fejjel lefelé fordítjuk, és 20 percig hűlni hagyjuk.

A formázáshoz lazítsa meg a papírbélést a serpenyő egyik végén. Laposan tartva a papírt az asztalon, fokozatosan emelje fel a serpenyőt, a laza papír végétől kezdve. Óvatosan távolítsa el a papírt a torta hosszú oldaláról, majd húzza le a tetejéről. Vágja le a barna széleket a torta körül; hengerléskor megrepednek. A sütemény készen áll a töltésre, amit azonnal meg kell tenni.

98. Farce Aux Fraises Cio-Cio-San

ÖSSZETEVŐK:

- 4 csésze szeletelt friss eper és körülbelül ½ csésze cukor; vagy 3 tíz unciás csomag fagyasztott szeletelt eper, kiolvasztva és lecsöpögtetve
- 2 TB száraz fehér vermut
- 2 ek konyak, narancslikőr vagy kirsch
- 2 csomag (2 Tb) ízesítetlen porzselatin
- ⅔ csésze szeletelt mandula
- ½ csésze szirupban tartósított kumquat kimagozva és felkockázva
- Dekorációs javaslatok: porcukor, szeletelt mandula és kumquat, vagy porcukor és egész eper

UTASÍTÁS:

Ha friss epret használunk, dobjuk egy tálba a cukorral, és hagyjuk állni 20 percig. Tegye a bort és a likőrt egy kis serpenyőbe, adjon hozzá ¼ csésze eperlevet, és szórja rá a zselatint. Hagyjuk néhány percig puhulni, majd tűzön keverjük, hogy a zselatin teljesen feloldódjon. Hozzáforgatjuk az eperhez, a mandulával és a kockára vágott kumquattal együtt. Hűtsük le vagy keverjük jégen, amíg besűrűsödik, majd kenjük a tortára.

Tekerje fel a süteményt a rövid vagy a hosszú végétől, attól függően, hogy a hosszú vagy a kövér tekercset preferálja; Használjon viaszos papír alsó rétegét, hogy segítsen, amikor a tortát magára fordítja.

Tegye át a tortát egy tálra vagy tálra; fedjük le viaszpapírral, és tegyük hűtőbe, ha nem tálaljuk elég hamar. Közvetlenül tálalás előtt szórjuk meg porcukorral (az oldala és vége alá csúsztatott viaszos papír a tálalódeszkát simán tartja), és díszítsük mandulával, kumquattal vagy eperrel.

Ízlés szerint még több eperrel és édesített tejszínhabbal tegyük mellé.

99. Olasz habcsók

ÖSSZETEVŐK:

- 3 tojás fehérje
- Elektromos habverő
- Csipet só
- Kevés ¼ teáskanálnyi tartárkrém
- 1⅓ csésze kristálycukor
- ⅓ csésze víz
- Egy kis, nehéz serpenyő

UTASÍTÁS:

a) Ehhez a tojásfehérjét hozzávetőleg egyszerre kell felverni és a cukorszirupot főzni; dolgozd össze őket, ha tudod. A tojásfehérjéhez elektromos habverőre lesz szükséged; ha kéttálas mixerünk van, a fehérjét verjük fel a kis tálban, és a cukorszirup hozzáadásakor tegyük át a nagy tálba.

b) A tojásfehérjét mérsékelt sebességgel verjük fel egy pillanatig, amíg habosodni kezd; adjuk hozzá a sót és a tartártejszínt, és verjük nagy sebességgel addig, amíg a tojásfehérje kemény csúcsot nem kap, ha kanállal vagy spatulával felemeli.

c) Tegye a cukrot és a vizet egy serpenyőbe, és tegye magas lángra. Forgassa a serpenyőt – ne keverje meg – óvatosan, amíg a cukor teljesen fel nem oldódik, és a folyadék teljesen tiszta lesz. Fedjük le az edényt, és gyorsan, keverés nélkül forraljuk egy-két percig: a lecsapódó gőz leesik a fedőről, lemosva az edény oldalát, és megakadályozza a kristályok képződését. Nyissa ki a serpenyőt, amikor a buborékok sűrűsödni kezdenek, és gyorsan forraljuk lágygolyós fokozatra, 238 fokra.

d) A tojásfehérjét közepesen lassú ütemben felverjük, vékony sugárban beleöntjük a cukorszirupot. Folytassa a verést nagy sebességgel legalább 5 percig, amíg a keverék kihűl. Szatén sima lesz, és kanállal vagy spatulával felemelve merev csúcsokat képez.

100. Crème au Beurre à la Meringue / Habcsók vajkrém

ÖSSZETEVŐK:

- 2 csésze (12 uncia) félédes csokoládé 3 Tb erős kávéval vagy rummal felolvasztva
- 1 ek vanília kivonat
- ½ lb. (2 rúd) lágyított sótlan vaj

UTASÍTÁS:

a) Az olvasztott csokoládét és a vaníliát a hűvös habcsók keverékhez keverjük. Fokozatosan belekeverjük a vajat. Hűtsük le a vajas krémet, amíg könnyen kenhető állagot nem kapunk. (A maradék vajkrém megfagyhat.)

A NAPLÓ FELTÖLTÉSE ÉS MEGSZEDÉSE

b) A töltelék felét a piskótalapra kenjük, és az egyik rövidebb végétől kezdve feltekerjük. (Ha még nem áll készen a fagyasztásra, csomagolja be és hűtse le.)

c) Amikor készen áll a fagyra, vágja le a két végét az előfeszítésnél, hogy fűrészelt rönk megjelenését kölcsönözze. Az ágak esetében vágjon körülbelül ½ hüvelyk mély lyukakat a torta felületébe; helyezze be a 2 hüvelykes hosszúságokat a levágott végekből. (Ne készítsünk túl hosszú ágakat, különben nem bírják a cukormázt.) Tegye át a tortát egy tálalódeszkára vagy téglalap alakú edénybe. Helyezzen viaszpapír csíkokat a torta oldalai és végei alá, hogy ne szennyezze le a tálalódeszkát; fagyás után távolítsa el. Ezután egy kis spatulával vagy egy szalagcsővel ellátott cukrászzacskóval fedjük le a torta tetejét és oldalát úgy, hogy a két végét fagymentesen hagyjuk. Villával vagy spatulával morzsoljuk el a cukormázt, hogy kéregszerű hatást kapjunk. Hűtőbe tesszük, hogy megdermedjen.

HABÓGOMBA

d) A sütőt 200 fokra előmelegítjük.

e) Egy kis tepsit enyhén kivajazunk, lisztet hengerelünk a felületére, és a felesleget leverjük róla. Erősítse át a fenntartott habcsók keveréket egy 3/16 hüvelykes csőnyílással ellátott tésztacsövön, vagy tegye le egy teáskanál végét a tepsire, így ½ hüvelykes kupolákat készíthet a gomba sapkáknak, és hegyes kúpokat a szárnak. Mindegyikből 10 vagy 12 legyen. Süssük 40-60 percig, amíg meg nem halljuk a habcsók halkan ropogását. Ha megszáradt, akkor kész, amikor könnyen lejönnek a tepsiről. Az összeszereléshez minden kupak alján lyukat szúrunk, megtöltjük vajkrémmel, és belehelyezzük a szárat.

FONTOTT CUKOR MOHA

f) Helyezzen egy olajozott seprűnyél két szék közé, és terítsen sok újságot a padlóra. Forraljon fel ½ csésze cukrot és 3 evőkanál vizet az olasz habcsókra vonatkozó utasításokat követve, amíg a cukor világos karamellszínűvé nem válik. Hagyja néhány másodpercig hűlni a szirupot, amíg kissé besűrűsödik, majd mártson egy villát a szirupba, és mozgassa a villát a seprű nyelére; szirup szálakat képez a nyél felett.

VÉGSŐ DÍSZÍTÉSEK

g) Nyomjon gombafürtöket a rönkbe, ahol úgy gondolja, hogy a gombának növekednie kell, és szórja meg a szitán átrázott kakaóval. Szórjon egy kevés porcukorral a rönköt, hogy havas hatást keltsen.

h) Díszítsd magyallal vagy levelekkel, ha szeretnéd, a stratégiai helyeken pedig fonott cukormohát vonj be. (Az utolsó díszítést közvetlenül a tálalás előtt készítjük el, mivel a hasábnak az utolsó pillanatig hűtőben kell lennie.)

KÖVETKEZTETÉS

Összefoglalva, a francia sütés a művésziség és az íz elragadó ötvözetét kínálja, amely magával ragadja az érzékeket és elragadja a szájpadlást. A szerény bagetttől a kidolgozott mille-feuille-ig minden péksütemény évszázados hagyományokról és a kézművesség iránti szenvedélyről mesél. A technikák elsajátításával és a francia sütés szellemiségével egy csipetnyi eleganciát és kényeztetést vihetsz be konyhádba, felejthetetlen pillanatokat teremtve magadnak és szeretteidnek. Gyűjtsd össze tehát a hozzávalókat, melegítsd elő a sütőt, és vágj bele egy kulináris kalandba, amely a francia cukrászdák időtlen varázsát ünnepli. Jó étvágyat kívánunk!

www.ingramcontent.com/pod-product-compliance
Lightning Source LLC
Chambersburg PA
CBHW071303110526
44591CB00010B/758